论语新读

王维平 著

商务印书馆
The Commercial Press

2018年·北京

图书在版编目(CIP)数据

论语新读/王维平著. —北京:商务印书馆,2017
(2018.12 重印)
ISBN 978-7-100-15617-2

Ⅰ.①论… Ⅱ.①王… Ⅲ.①儒家②《论语》—研究 Ⅳ.①B222.25

中国版本图书馆 CIP 数据核字(2017)第 297865 号

权利保留,侵权必究。

论 语 新 读

王维平 著

商 务 印 书 馆 出 版
(北京王府井大街 36 号 邮政编码 100710)
商 务 印 书 馆 发 行
北京顶佳世纪印刷有限公司印刷
ISBN 978-7-100-15617-2

2018 年 1 月第 1 版　　开本 880×1230　1/32
2018 年 12 月北京第 2 次印刷　印张 9¾
定价:36.00 元

目录

前言

学而篇第一 | 001
为政篇第二 | 014
八佾篇第三 | 030
里仁篇第四 | 046
公冶长篇第五 | 058
雍也篇第六 | 075
述而篇第七 | 091
泰伯篇第八 | 109
子罕篇第九 | 121
乡党篇第十 | 138

先进篇第十一 | 153
颜渊篇第十二 | 169
子路篇第十三 | 184
宪问篇第十四 | 202
卫灵公篇第十五 | 227
季氏篇第十六 | 246
阳货篇第十七 | 256
微子篇第十八 | 273
子张篇第十九 | 282
尧曰篇第二十 | 296

前　言

1999年元旦刚过，我就去了美国弗吉尼亚州的欧道明大学（Old Dominion University）读博士。第一个学期我没有多选课，感觉自己需要慢慢适应，逐步进入。修课之余，除了完成助教工作就是在校园各处听各种学术讲座。听讲座的过程中我发现了一件令我非常吃惊的事情，很多主讲人都会引用中国的孔子或者老子的话作为开场白的一部分。遗憾的是，他们所引的话我根本不熟悉，因为我所知道的孔老之言仅仅是在"批林批孔"时获得的只言片语。作为一个中国人，而且还是一个从事教育工作多年的人，我内心除了惭愧还是惭愧。说起来也十分有意思，我对美国的《独立宣言》非常熟悉，对富兰克林、杰弗逊等美国先贤的思想和言论也比较了解，甚至西方圣贤亚里士多德、柏拉图、苏格拉底等我也略知一二。从那个时候开始我就暗下决心，要熟读《论语》《道德经》《周易》等中国古代经典，坚决补上传统文化这一课。

十八年过去了，在这期间我读得最多的就是《论语》。《论语》让我对中国历史文化有了一个较为透彻的理解，特别是对中国人的人生观、价值观和世界观有了更为清晰的认识。不管是否读过《论语》，大多数中国人的言行都无不打上孔子思想的深刻烙印。当华人群体与其他族群生活在同一个国家或社区的时候，其儒家的思维和行为方式体现得特别明显。我的一些美国老师和同学总觉得中国人很神秘，有许多令他们感到不可思议的地方，而当他们对儒家和道家有所了解之后就会恍然大悟。与美国的主流族群相比，华人有许多明显的思想和行为特征。其一，华人特别重视家庭的完整与和谐，华人的离婚率比较低，家长较有权威，子女更为孝顺。其二，华人更加重视孩子的教育，重视的程度在一些美国人眼里甚至到了变态的地步。其三，华人青年普遍学习勤奋，而且也善于学习。其四，华人一般都为人谦恭，做得多，说得少。我的同学就很纳闷，不解为什么我平时学习表现平平，可考试成绩总是很好。其实我只不过是跟大多数中国人一样，平时不愿意"显摆"罢了，孔子"君子欲讷于言而敏于行"的教导成了国人自觉的行为习惯。其五，大部分华人尊重师长，恪尽职守。当时在美国的大学里有这样一句流行语："能做研究项目吗？有经费和几个中国助手就行。"概因中国学生不仅聪明好学，而且尊重师长，工作认真努力，任劳任怨，加班加点，毫无怨言。想想孔子的学生为老师做事，跟随老师周游列国何曾有过半点怨言、丁点懈怠。其六，华人政治热情普遍不高，不大乐意参加选举投票，对非此即彼、非左即右的两党政治从心底里不太认可。这不能不说是儒家中和、中道思想浸润的结果。华人群体所表现出的勤劳节俭、不喜享乐等品格特征也无不与儒家思想能够产生关联。当然，也有一些古人倡导的习惯和规矩，现代华人不仅全然放弃，甚至走向了极端的反面，成了其他族群人士判定华人的标准。比如孔子在《论语》中倡导"食不语，寝不言"，但现代华人却大都习惯于高声讲话，华人开的中餐馆几乎是最为嘈杂的用餐地方。这种现象促使我们不得不反思，我们的言行是怎样背离了我们的传统文化。相信随着中华文化的复兴，我们的言行会回归中华民族的优良传统。

孔子思想对中国政治，特别是古代中国政治的影响也极其深刻而久远。前不久我在上海参加培训，恰好我的儿子和他在美国宾夕法尼亚州州立大学的几个研究法律和宪政的同事也在上海参加一个学术活动。我们一起小聚的时候谈起了中国的法律和文化。儿子的一个观点我深有同感，他认为中国历史上虽然没有正式的宪法，但《论语》实际上在相当长的历史时期内就起着宪法的作用,所谓"半部《论语》治天下"并非一句空话。历史上许多官员断案判刑的主要依据就是《论语》。孔子生前一心求取官位,但他除了短暂做过官之外,政治上并不得意。他的思想在当时虽然信者颇多,但统治者几乎都没有按孔子的理论治国。不曾想孔子的思想主宰了其身后两千多年的政治。

中华文明延续五千年而不衰。罗素曾说:中华文明是唯一从古代存留至今的文明。从孔子时代以来,古埃及、巴比伦、马其顿、罗马帝国都先后灭亡,只有中国通过不断进化依然生存。中国自秦以来历经两千多年,在大部分时候能够保持统一,不像欧洲那样分成众多国家,这与孔子所开创的儒家文化不无关系。历史上中国经常遭到周边异族的侵略,也曾经国破家毁,但它每次都能历经灾难而重生,这其中儒家文化强大的凝聚力功不可没。

儒家文化不是中华文化的全部,但孔孟思想肯定是中华文化的底色。当前我们大力提倡文化自信,文化自信既来自于当下的中国及中国人,也来源于我们的先辈和古人。文化必须是久远的,经过代代相传,能够继续发扬光大的。忘却和隔断传统文化,我们就失去了民族生存和发展的根本,一个不知道从哪里来的民族也不会清楚该向哪里去。丘吉尔有句名言:我宁可失去一个印度,也不愿失去一位莎士比亚。丘吉尔并非真的愿意放弃英国当年的殖民地印度,而是借莎翁强调对本国文化的重视和珍惜。孔子之于中国甚于莎翁之于英国。当前国学热已然兴起,全国各地有不少的私塾和培训机构都把《论语》列为最重要的学习内容,而且孔子思想正以前所未有的方式走向世界。据报道,截至2015年12月1日,中国已在134个国家和地区建立了500所孔子学院、1000个中小学孔子课堂,学员总数达190万人。但有一件事令许多国外的朋友甚感不解,孔子学院并不讲孔子和《论语》,仅仅是教人们学汉语,希望这只是孔子学院草创阶段的暂时现象。

人们在学习经典的过程中欣赏到了中国传统文化的精髓，但许多人同时发现经典中也有大量的难被现代人理解和接受的内容，如儒家思想中对妇女的歧视，过分强调忠孝而导致愚忠愚孝，对生产和生活技能的轻视，好古而拒绝改革创新，阶级不平等的问题，等等。

有的学者倡导研究中国传统文化要"原汁原味"，这很有道理，对于治疗任意解读经典的主观诠释是一剂良药。但做到"原汁原味"很难，因为经典也存在各种版本，很难说哪个就是绝对的"原汁"。古代没有著作权，没有知识保护法，各种版本的差异性肯定会存在，因为每个时代、不同学者会对同一论断做出不同的解读。《论语》《孟子》《大学》《中庸》，这些儒家经典的注家众多，不乏歧解。可以说，对中国著名经典中不少论断都会有不同的解读。中国文化经典凝练的语言、简单的句式，留有不同解释的多种空间。

孔子及孔子思想在不同人的眼里有不同的形象和价值。在皇帝及统治阶层看来，孔子忠君敬上，倡导仁、义、礼、智、信，他思想的最大价值就在于有利于维护社会秩序的和谐稳定，从而能够保持一家一人之政权永续不衰。在知识分子的心目中，孔子好学善思，"为天地立心，为生民立命，为往圣继绝学，为万世开太平"，就是万世师表。在普通百姓的眼里，孔子就是"文曲星"，孩子想读书升官就需要顶礼膜拜。

该书以儒家的经典著作《论语》为分析对象，以学界有代表性的译本为参考，对每一则语录进行了辩证解读。每则分析包括注释、译文、辩证解读三部分。其解读一方面立足于孔子时代的历史背景，力求把握《论语》在当时特定社会情境和人文语境下孔子与其学生交流过程中所表达的本义，同时也充分考虑后人，特别是儒学大家对《论语》的理解和释读。另一方面既追本溯源，也立足当下，追本溯源主要是剔除后人带给《论语》的歧义和误解；立足当下则重点分析《论语》随着历史发展而必然存在的某些局限性，意在倡导读者辩证发展地学习《论语》，客观理性地对待《论语》及孔子的思想。辩证解读一方面肯定孔子创立的儒家思想对中国近两千年历史及中华文化的影响，肯定《论语》在中国古代社会所发挥的巨大作用和深远影响，肯定孔子所倡导的中庸、君子、礼、仁等中华传统文化；另一方面则运用历史唯物主义方法辩证地看待孔子的政治主张、伦理思想、道德观念及教育原则等，对其中一些片面或是不合时宜的观点从其他角度进行了客观公正的辩驳。

相关文献显示，现有解读《论语》的著作主要包括原文翻译和心得，且大都是分析《论语》对于个人、社会发展的积极作用。该书坚持唯物辩证，既延续了《论语》普遍性的一惯性解读，又增加了立足当下、会古通今的新元素。希望此书有助于读者轻松愉快而且更加有效地品读《论语》，了解儒家思想，学习中国传统文化。

王维平
2017年10月

学而篇第一

1.1 子曰:"学而时习之,不亦说①乎?有朋自远方来,不亦乐乎?人不知而不愠②,不亦君子乎?"

【注释】

① 说:通"悦",高兴、愉快。

② 愠:yùn,怨恨。

【译文】

孔子说:"学了(知识)然后按一定的时间复习它,不也是很愉快吗?有志同道合的人从远方来,不也是很快乐吗?人家不了解我,我却不恼怒,不也是道德上有修养的人吗?"

【辩证解读】

◎《论语》开篇涉及的就是有关快乐的问题。对孔子而言,快乐的源泉有三:一是学习,二是朋友,三是自我陶醉。千百年来,这样一种对快乐的认知使天下所有学人都产生了共鸣,也激励许许多多年轻学子以学习为乐,以交友为乐,以能够自我陶醉而乐。这样一种风气几乎贯穿于历朝历代,形成了中华民族重教爱学的传统。我们甚至在乡间农户的门匾上也能经常看到"耕读之家"的期许与标榜。

◉ 很明显,这样一种读书人的快乐肯定不可能属于社会大众,假如某个地区社会大众都成为读书人那也未必就是好事一桩。如明清时山西泽州的书院众多,号称学者多如牛毛,但从当时人的描述中所感受到的是一种社会的不正常状态。如《行县诗》:"河东人物气劲豪,泽州学者如牛毛。大家子弟弄文墨,其次亦复跨弓刀。去年较射九百人,五十八人同赐袍。今年两科取进士,落钓连引十三鳌。迩来习俗益趋善,家家门户争相高。驱儿市上买书读,宁使田间禾不薅。我因行县饱闻儿,访问终日忘勤劳。太平父老知此否?语汝圣世今难遭。欲令王民尽知教,先自乡里悉群髦。古云将相本无种,从今着意鞭儿曹。"

当今中国社会出现的人力资源结构性短缺也有这方面的原因,大批接受了高等教育的年轻人宁愿失业在家也不愿从事与自己所学专业无关的工作,特别是不愿从事体力劳动。

孔子的这样一种快乐,甚至连许多读书人也体会不到,"学而时习之"让许多人感受到的是"苦",而非"悦"。"十年寒窗苦读书"几乎是千百年来读书人的共鸣。"有朋自远方来"对许多人来说也不一定是一件"乐"事,朋友来了要抽时间陪伴,花钱请吃饭,更可能是"无事不登三宝殿"。"人不知而不愠"倒是普通人不难做到的一件事,但有人知道自己,甚至出了名,那一定是一件令人感到非常快乐的事。

1.2 有子①曰:"其为人也孝弟②,而好犯上者,鲜③矣;不好犯上,而好作乱者,未之有也。君子务本,本立而道生。孝弟也者,其为仁之本与④!"

【注释】

① 有子:孔子的弟子,比孔子小13岁。

② 弟:tì,"悌"的古字,敬爱兄长,泛指敬重长上。

③ 鲜:xiǎn,少。

④ 与:"欤"的古字。

【译文】

有子说:"孝顺父母,顺从兄长,而喜好触犯上层统治者,这样的人是很少见的;不喜好触犯上层统治者,而喜好造反的人是没有的。君子专心致力于根本的事务，根本建立了，治国做人的原则也就有了。孝顺父母、顺从兄长，这就是仁的根本啊！"

【辩证解读】

◎ "百善孝为先"，崇拜祖先、孝顺父母是我们最重要的民族精神和文化传统，造就了中国人重人伦、爱家庭的民族心理，并把这种对小家的爱延伸到对宗族的爱、民族的爱、国家的爱，所谓家国一体。中华民族能够绵延不绝、中国社会在大部分的历史时期都能够维持稳定，很大程度上与这样一种"孝为先"的民族心理有关。孝顺的人认可并尊重和遵从现有的社会关系，他们一般不会挑战和破坏既有的社会秩序。孝文化在促进国家和谐、人际关系和谐等方面发挥着不可替代的作用。中国历史上曾经根据孔子与曾子的这一论断，通过"举孝廉"来选拔任命官员。现如今组织部门在考察干部时也会关注候选人这方面的情况。

● 孝道固然因为血缘关系具有先天的伦理属性，儿子孝顺父母是天经地义、不容置疑的，但任何理念推到绝对化的地步就会走向谬误，若将对父母无条件顺从作为孝道的基本要求，"父母有不慈，儿子不可不孝"成为世人的普遍信念，孝道就会催生许多的愚"孝"愚"忠"和假"孝"假"忠"，如"割股疗亲"和"王莽谦卑未篡时"都是中国历史进程中屡见不鲜的活报剧。

1.3 子曰："巧言①令色②，鲜矣仁！"

【注释】

① 巧言：花言巧语。

② 令色：虚伪、假装的笑容。

【译文】

孔子说："满口花言巧语、满脸讨好笑容的人，实际上是没有多少仁德的。"

【辩证解读】

◎"油腔滑调""花言巧语""工于辞令"以及"满脸堆笑""笑面虎"等都是中国人对不仁不义之人的描述,我们的传统是崇尚质朴无华,认可表里如一,力戒空谈浮言。

● 语言是一门艺术,说话要讲究技巧。现代礼仪告诉我们,微笑是与人交往中最佳的面部表情,是人际交往的润滑剂,微笑可以让自己更自信,让别人感觉真诚。微笑永远比皱眉有更多的内涵。微笑一下并不费力,但却能产生无穷魅力,你那里微微一笑,我这里"灵魂出窍",正常情况下说话面带笑容是友好和热情的表示。

1.4 曾子[①]曰:"吾日三省[②]吾身:为人谋而不忠乎?与朋友交而不信乎?传不习乎?"

【注释】

① 曾子:孔子的弟子,名参,字子舆,比孔子小16岁。

② 省:xǐng,反省。

【译文】

曾子说:"我每天多次反省自己,为别人办事是不是尽心竭力了呢?同朋友交往是不是做到诚实可信了呢?老师传授给我的学业是不是复习了呢?"

【辩证解读】

◎修身养性最重要的就是不断地自我反省,做人最重要的是诚实守信。我们每天首先需要反省的就是工作中是否恪尽职守,说到做到;与朋友交往是否真诚实在,言必信,行必果;学业是否每天都有长进。我们评价一个人的时候经常用"能干事""会办事"来形容其有能力、有智慧,也经常用"信得过""靠得住",关键时刻"用得上"来形容好朋友。

● 很奇怪,每天需要首先反省的事情里没有包括亲人和家庭,朋友之情似乎重于亲情。对学习的重视也主要体现在认真对待老师所传授的东西，为什么不是反省是否学到了新的知识和技能呢？

1.5 子曰："道①千乘之国②，敬事而信③，节用而爱人④，使民以时⑤。"

【注释】

① 道：动词，治理。

② 千乘（shèng）之国：乘，用四匹马拉的兵车。"千乘之国"指有千辆兵车的国家，在孔子生活的年代，此种规模不属于大国。

③ 敬事而信：是指一种严肃认真的工作态度。

④ 人：此处指普通民众。

⑤ 使民以时：与《孟子·梁惠王上》中"不违农时"意思一致，也就是说，要在农闲时给百姓分配任务。

【译文】

孔子说："治理一个拥有一千辆兵车的国家，就要严谨认真地办理国家大事而又恪守信用、诚实无欺，节约财政开支而又爱护官吏臣僚，役使百姓要不误农时。"

【辩证解读】

◎治理国家最重要的是忠于职守，取信于民，不奢侈浪费，关爱属下，不随便役使人民。

●历史和现实的经验都告诉我们，治国理政是一项复杂而系统的工作，仅仅在这几方面做好是不够的。执政者的品德、智慧、作风和方法策略很重要，而制度建设尤为重要。

1.6 子曰："弟子入则孝，出则弟，谨①而信，泛爱众而亲仁②，行有余力，则以学文。"

【注释】

① 谨：言行小心谨慎。

② 亲仁：亲近仁德之人。

【译文】

孔子说:"弟子们在父母跟前就孝顺父母,出门在外要顺从师长,谨慎而守信,要广泛地去爱众人,亲近那些有仁德的人。这样躬行实践之后,还有余力的话,再去学习文化知识。"

【辩证解读】

◎孔子要求弟子们首先要致力于孝悌、谨信、爱众、亲仁,培养良好的道德观念和道德行为,如果还有闲暇时间和余力,则用以学习古代典籍,增长文化知识。这表明,孔子的教育是以德为先,重在培养学生的德行修养,而对于书本知识的学习,则摆在第二位。

● 将孝悌置于道德的核心地位有可能导致盲信盲从,而且也有可能产生暴政和绝对权威,从而使中华民族的个体丧失独立的自我和个性。

1.7 子夏①曰:"贤贤②易③色④;事父母,能竭其力;事君,能致其身;与朋友交,言而有信。虽曰未学,吾必谓之学矣。"

【注释】

① 子夏:孔子的弟子,姓卜,名商,字子夏,比孔子小44岁。

② 贤贤:第一个"贤"是动词,重视;第二个"贤"是名词,贤德。

③ 易:轻视,看不起。

④ 色:女色。

【译文】

子夏说:"一个人能够看重贤德而不以女色为重;侍奉父母,能够竭尽全力;服侍君主,能够献出自己的生命;同朋友交往,说话诚实、恪守信用。这样的人,尽管他自己说没有学习过,我一定说他已经学习过了。"

【辩证解读】

◎不好色很重要,一个人有没有学问、学问的好坏,主要不是看他的文化知识,而是要看他能不能践行"孝""忠""信"等传统伦理道德。品德重于学问。有的学者认为"贤贤易色"中的"色"并不是指女色,而应该是指面部表情和形色,即态度。那么,"贤贤易色"就应该解释为见了贤人要肃然起敬。

● 无德之人未必无学问,有德之人未必有学问。学问和道德相辅相成,相得益彰。千百年来遭人唾骂的卖国贼秦桧是公认的有学问的人,但也是公认的真小人、大坏蛋。

1.8 子曰:"君子不重①则不威,学②则不固。主忠信。无友不如己者。过,则勿惮改。"

【注释】

①重:严肃。

②学:名词,指学到的知识。

【译文】

孔子说:"君子不庄重就没有威严,所学就不稳固。要以忠信为主。不要同不如自己的人交朋友。有了过错,就不要怕改正。"

【辩证解读】

◎君子从外表上应当给人以庄重大方、威严深沉的形象,使人感到稳重可靠,可以付之重托。他重视学习,不自我封闭;他以德为本,忠实诚信。他善于结交比自己优秀的朋友,而且有错必改。

● 人的外在表现首先还是应该自然得体,太"重"或太"威"都会让人望而生畏。"无友不如己者"人们有不同的理解,但无论是翻译成

"不与不如自己的人交朋友",还是翻译成"不交与自己不同道的朋友",都有在社会交往中画地为牢、自我封闭的局限,会限制自己的社交圈。

1.9 曾子曰:"慎终①追远②,民德归厚矣。"

【注释】

① 终:指故去的父母。

② 远:先祖。

【译文】

曾子说:"谨慎地对待父母的去世,追念久远的祖先,老百姓就有了忠厚老实的德行了。"

【辩证解读】

◎祭祀之礼是一个人孝道的继续和表现,通过祭祀之礼可以寄托和培养个人对父母和先祖尽孝的情感。追忆先祖,可以帮助人们知道自己从哪里来,更加明确去哪里,有利于文化的传承和优良传统的发扬光大。

◉ 孔子"敬鬼神而远之",敬而不信。既然不相信天堂、地狱,为什么要如此重视祭祀之礼。重祭祀也会出现"薄养厚葬"的现象。

1.10 子禽问于子贡①曰:"夫子至于是邦也,必闻其政。求之与?抑与之与?"子贡曰:"夫子温、良、恭、俭、让以得之。夫子之求之也,其诸异乎人之求之与?"

【注释】

① 子贡:孔子的弟子,姓端木,名赐,字子贡,卫人,比孔子小 31 岁。

【译文】

子禽问子贡说:"老师到了一个国家,总是要了解这个国家的政事。(这种资格)是他自己求的呢,还是人家国君主动给他的呢?"子贡说:"老师温、良、恭、俭、让,所以才得到这样的资格。(这种资格也可以说是求得的),但他用于求的方法,或许与别人不同吧?"

【辩证解读】

◎孔子身体力行温、良、恭、俭、让,所到之处都受到各国统治者的礼遇和器重,他的这种待人接物方式和风格影响了后世的中国人,让中国以礼仪之邦闻名于世。当前中国却有许多人的言行举止与礼仪之邦的盛名不符,一件小事就能引发冲突,厚黑成为一些人奉行的人生信条,追求奢华成为风气,排队加塞、强买强卖、坑蒙拐骗时有发生,路怒一族不绝于道,等等。

◉温、良、恭、俭、让也使中国人少了一些真实与自然,过分地温、良、恭、俭、让,甚至给人以虚伪奸巧的感觉。

1.11 子曰:"父在,观其①志;父没②,观其行③;三年无改于父之道④,可谓孝矣。"

【注释】

① 其:指儿子。

② 没:mò,"殁"的古字,死。

③ 行:xìng,行为。

④ 道:指善的、好的事物。

【译文】

孔子说:"父亲在世的时候,要观察他的志向;父亲死后,要考察他的行为;若是他对他父亲的合理部分三年不做改变,这样的人可以说是尽到孝了。"

【辩证解读】

◎一个孝子在父亲活着时是不做主的，年轻的他还不够成熟，做人做事都不够老练，需要听父亲的话，跟着父亲干，至多向人们表达的是他将来的志向；父亲去世以后就要看他的行动了，一定要延续父亲的做法至少三年。孔子这样的一种倡导在传统的农业社会里其实具有非常强的合理性，特别是对一个大家庭而言，剧烈的变化既不现实也不稳妥。

◉在本节中孔子说一个人当父亲死后，三年内都不能改变他父亲所制定的那一套规矩，这就是尽孝了。其实，这样的孝片面强调了儿子对父亲的依从。鲁迅曾经说过："只要思想未遭锢蔽的人，谁也喜欢子女比自己更强，更健康，更聪明高尚，——更幸福；就是超越了自己，超越了过去。超越便须改变，所以子孙对于祖先的事，应该改变，'三年无改于父之道可谓孝矣'当然是曲说，是退婴的病根。"（《坟·我们现在怎样做父亲》）

1.12 有子曰："礼之用，和为贵。先王之道，斯为美。小大由之①，有所不行。知和而和，不以礼节之，亦不可行也。"

【注释】

① 小大由之："之"指"和谐"。大事小事都坚持和谐的原则。

【译文】

有子说："礼的应用，以和谐为贵。古代君主的治国方法，最宝贵的地方就在这里。但不论大事小事都按和谐的办法去做，有的时候就行不通。（这是因为）为和谐而和谐，不以礼来节制和谐，也是不可行的。"

【辩证解读】

◎"和"是中华民族价值观最重要的组成部分，也是中国社会在大部分历史时期得以维持稳定的重要原因。有子既强调礼的运用以和为贵，又指出不能为和而和,要以礼节制之,不能是无原则的一团和气。

◉"和为贵"把"和"推到了极其重要的地位,实际上"和"在实践中并没有明确具体的规范,更多的是体现人与人互动过程中的一种态度和情绪,这样一种求"和"的心态常常导致人们不讲原则,不守规矩,不依法办事,出现了许多无棱无角,只会点头迎合的"好好先生"。

1.13 有子曰:"信近于义,言可复①也。恭近于礼,远②耻辱也。因③不失其亲,亦可宗④也。"

【注释】

① 复:实现诺言。

② 远:yuàn,远离。

③ 因:依靠。

④ 宗:可靠。

【译文】

有子说:"讲信用要符合于义,(符合于义的)话才能实行。恭敬要符合于礼,才能远离耻辱。所依靠的都是可靠的人,也就值得尊敬了。"

【辩证解读】

◎信和义相辅相成,持之以恒地讲究信用,行为符合道义,就能够成为值得信赖的人。与人相处恭敬没错,但脱离了礼的恭敬带给人们的必然是耻辱。所谓"近朱者赤,近墨者黑",所依靠之人必须可靠,才会受其影响,受人尊重。

◉信义是靠不住的,口说无凭,必须留有证据,我们更需要契约精神。人与人之间在交往过程中最重要的是互相尊重,保持一定的距离。所依靠之人若只是可靠,对依靠的人而言值得信赖,对其他人若是另外一副面孔,那么也不会令人尊重。

1.14 子曰:"君子食无求饱,居无求安,敏于事而慎于言,就有道而正①焉,可谓好学也已。"

【注释】

① 正:匡正。

【译文】

孔子说:"君子,饮食不求饱足,居住不求舒适,对工作勤劳敏捷,说话却小心谨慎,到有道的人那里去匡正自己,这样可以说是好学了。"

【辩证解读】

◎君子所追求的应该是精神层面的东西,不应该追求物质方面的享受。君子应该多做少说,多向比自己优秀的人学习。

● 君子是社会精英,如果社会精英都以穷为荣,以苦为乐,不重物质,不会消费,那么这个社会的物质生产就会受到抑制,社会的整体发展也会受到制约。优秀的人应该是既会说,也会做,身居治国理政的人更应该如此,因为只做不说会引起下属疑虑和不安,而且无法引领下属和人民跟着自己干。

1.15 子贡曰:"贫而无谄,富而无骄,何如?"子曰:"可也。未若贫而乐,富而好礼者也。"子贡曰:"《诗》云:'如切如磋,如琢如磨。'①其斯之谓与?"子曰:"赐也!始可与言《诗》已矣,告诸往而知来者。"

【注释】

① 如切如磋,如琢如磨:这两句诗见《诗经·卫风·淇奥》。

【译文】

子贡说:"贫穷而能不谄媚,富有而能不骄傲自大,怎么样?"

孔子说:"这也算可以了。但是还不如虽贫穷却乐于道,虽富裕而又好礼之人。"子贡说:"《诗经》上说:'要像对待骨、角、象牙、玉石一样,切磋它,琢磨它。'就是讲的这个意思吧?"孔子说:"赐呀,你能从我已经讲过的话中领会到我还没有说到的意思,举一反三,我可以同你谈论《诗经》了。"

【辩证解读】

◎社会上无论贫或富都能做到正视现实,各安其位,便可以保持社会的安定了。子贡能独立思考、举一反三,因而得到孔子的赞扬。这也是孔子教育思想中的一个显著特点。

● 贫而乐道、富而好礼是一种理想境界,事实上贫富冲突永远存在,贫富矛盾常常会引发社会动乱。倡导富人好礼没有问题,但让穷人安于贫穷、乐于贫穷就不是太厚道了。

1.16 子曰:"不患人之不己知[①],患不知人也。"

【注释】

① 不己知:不知己,不了解自己。

【译文】

孔子说:"不怕别人不了解自己,只怕自己不了解别人。"

【辩证解读】

◎想要让别人了解自己,自己应首先去了解别人。不了解别人会影响自己的判断和认知,别人不了解自己不会对自己有负面影响。自己了解自己,同时也了解别人,有助于正确地判断和认知。

● 这个命题的提出本身就说明孔子及其弟子急于让别人了解自己的内在心理。若是一个人整天盼望别人了解自己、认可自己,反而会限制自己进步。若想真正被人们接受认可,做好自己、提升自己才是关键。

为政篇第二

2.1 子曰:"为政以德,譬如北辰①,居其所而众星共②之。"

【注释】

① 北辰:北极星。

② 共:围绕。

【译文】

孔子说:"(周君)以道德教化来治理政事,就会像北极星那样,自己居于固定的方位,而群星都会环绕在它的周围。"

【辩证解读】

◎ 道德教化是治国理政的核心问题。执政者必须是道德高尚的人,才能够具有感召力和号召力。

● 在现代西方政治中,有道德缺陷的人反而比看上去品德完美的人更容易获得普通选民的认可,特朗普当选就是如此。许多选民认为候选人和他们自己差不多,是一个并不十分完美的人,反倒有亲近感。

2.2 子曰:"《诗》三百①,一言以蔽②之,曰:'思无邪③。'"

【注释】

①《诗》三百:《诗经》有305篇。

② 蔽:概括。

③ 思无邪:思想纯正。

【译文】

孔子说:"《诗经》三百篇,可以用一句话来概括它,就是'思想纯正'。"

【辩证解读】

◎《诗经》所歌颂的是美景、美人及所有美好的事物和情感,有利于帮助人们纯洁思想。

● 有一些人认为,《诗经》涉及性开放,读了实际上会让人心神不定。

2.3 子曰:"道①之以政,齐②之以刑,民免③而无耻。道之以德,齐之以礼,有耻且格④。"

【注释】

① 道:引导。

② 齐:约束。

③ 免:免于刑罚。

④ 格:守规矩。

【译文】

孔子说:"用法制禁令去引导百姓,使用刑法来约束他们,老百姓只是求得免于犯罪受惩,却失去了廉耻之心。用道德教化引导百姓,使用礼制去统一百姓的言行,百姓不仅会有羞耻之心,而且也就守规矩了。"

【辩证解读】

◎ 法只能治标,德才能治本。刑法只能使人避免犯罪,不能使人懂得犯罪可耻的道理,而道德教化比刑法要高明得多,既能使人们循规蹈矩,又能使人们有知耻之心。

● 人本性中就有恶的元素,道德说教在许多情况下是不起作用的。

人的天性是趋利避害，法律才是约束人们最有效的工具。

2.4 子曰："吾十有①五而志于学，三十而立②，四十而不惑③，五十而知天命④，六十而耳顺，七十而从心所欲，不逾矩。"

【注释】

① 有：通"又"。
② 立：《泰伯篇》："立于礼。"；《季世篇》："不学礼，无以立。"
③ 不惑：《子罕篇》《宪问篇》都有"知（智）者不惑"。
④ 天命：大自然的运行规律。

【译文】

孔子说："我十五岁立志于学习，三十岁能够自立，四十岁能不被外界事物所迷惑，五十岁懂得了大自然的运行规律，六十岁能正确对待各种言论而不觉得不顺，七十岁能随心所欲而不越出规矩。"

【辩证解读】

◎ 人的生命历程应该是一个不断成长的过程，也是一个道德修养不断完善的过程。孔子在此处用他自己的人生历程来教育学生一辈子该怎么度过。小孩子到十五岁就喜欢学习并懂得学习了，三十岁就应该成家立业了，四十岁就应该明白事理了，到五十岁人的一生就基本定型了，六十岁就对什么都见怪不怪了，到七十岁就可以完全靠内在的主观自觉过有道德的生活，道德修养就应该达到最高境界了。

● 人的成长，特别是思想和道德观的形成不一定是一个循序渐进的过程，许多人都会有顿悟的经历和体验。小孩子从出生之日起就对周围的事物产生好奇，喜欢学习是与生俱来的天性。十五岁才有志于学习似乎晚了点。三十岁才自立，四十岁不惑有难度，除非已经不愿意继续探究。五十岁知天命也是自以为知而已，不信天，何来天命。六十岁耳顺怕是体力不支、听力衰退的缘故。活到七十岁在那个年代是十分少见的，一个古稀老人怎么生活怕是没人会有任何要求了。当然，我们应该明白，孔子讲的是他自己的人生历程，而且老夫子讲自己往往是比较谦虚的。

2.5 孟懿子①问孝，子曰："无违②。"樊迟③御，子告之曰："孟孙问孝于我，我对曰，无违。"樊迟曰："何谓也。"子曰："生，事之以礼；死，葬之以礼，祭之以礼。"

【注释】

① 孟懿子：鲁国大夫，姓仲孙，名何忌，"懿"是其死后追赠的谥号。

② 违：违礼者。

③ 樊迟：孔子的弟子，比孔子小 46 岁。

【译文】

孟懿子问什么是孝，孔子说："孝就是不要违背礼。"后来樊迟给孔子驾车，孔子告诉他："孟孙问我什么是孝，我回答他说不要违背礼。"樊迟说："不要违背礼是什么意思呢？"孔子说："父母活着的时候，要按礼侍奉他们；父母去世后，要按礼埋葬他们、祭祀他们。"

【辩证解读】

◎孔子要求人们听父母的话，不违背父母的意愿，无论他们在世或去世，都应如此。但这里着重讲的是，尽孝时不应违背礼的规定，否则就不是真正的孝。可见，孝不是空泛的、随意的，必须受礼的约束，依礼而行就是孝。在很多时候，"礼"确实有助于社稷稳定，民心归附。

◉ 父母的看法及决策不一定任何时候都正确，做儿女的还是要有自己的判断和选择。按照周礼埋葬和祭祀去世的父母就当时社会现实而言，贫穷的人家很难做到。

2.6 孟武伯①问孝。子曰:"父母唯其疾之忧。"

【注释】

① 孟武伯:孟懿子之子,"武"是谥号。

【译文】

孟武伯向孔子请教孝道。孔子说:"对父母,要特别为他们的疾病担忧(这样做就可以算是尽孝了)。"

【辩证解读】

◎ 常言"久病床前无孝子",能关心父母的身体健康确实是孝敬的基本表现。

● 孔子这句话没听说有反对的意见,但人们有不同的理解,主要有三种解释:1. 父母爱自己的子女,无微不至,唯恐其有疾病,子女能够体会到父母的这种心情,在日常生活中格外谨慎小心,这就是孝。2. 做子女的,只需父母在自己有病时担忧,但在其他方面就不必担忧了,表明父母的亲子之情。3. 子女只需为父母的疾病而担忧,其他方面不必过多地担忧。

2.7 子游①问孝,子曰:"今之孝者,是谓能养。至于犬马,皆能有养②。不敬,何以别乎?"

【注释】

① 子游:孔子的弟子,字子游。

② 有养:被养。

【译文】

子游问什么是孝,孔子说:"如今所谓的孝,只是说能够赡养父母便足够了。然而,即使犬马都能够得到饲养。如果不讲究孝道,不是从内心真正地孝敬父母,那么赡养父母与饲养犬马又有什么区别呢?"

【辩证解读】

◎孝顺既要孝，又要顺。孝顺父母最主要的是要尽孝心，顺从父母，不违背父母的意志，还要讲究孝道，从精神层面关爱父母，不让他们操心，不让他们难过。

◉父母年老体弱的时候最重要的还是必须保证他们有吃有穿，生活无忧。吃不饱穿不暖是无论如何都不会快乐的。"养"是"敬"的前提，先有"养"才会有"敬"。

2.8 子夏问孝，子曰："色难①。有事，弟子服其劳；有酒食，先生馔②，曾③是以为孝乎？"

【注释】

① 色难：指侍奉父母时的脸色难看。

② 馔：zhuàn，吃喝。

③ 曾：céng，难道。

【译文】

子夏问什么是孝，孔子说："（当子女的要尽到孝），最不容易的就是对父母和颜悦色。仅仅是有了事情，儿女需要替父母去做；有了酒饭，让父母吃，难道能认为这样就可以算是孝了吗？"

【辩证解读】

◎孝最重要的是孝心，对待父母的态度是关键。

◉能够考虑父母的需求和愿望，有好东西乐意与父母分享才是实实在在地尽孝。父母也应体谅子女的不易，家是放松的港湾，子女在外艰辛打拼，难免会带着情绪回家，若父母对此误会，不但使子女更加疲惫，还会影响父母与子女间的关系。因此，父母、子女应经常沟通，应最小化"色"，完全理解"色"。

2.9 子曰:"吾与回①言②终日,不违,如愚。退而省其私,亦足以发,回也不愚。"

【注释】

① 回:颜回。孔子最得意的弟子,比孔子小 40 岁。

② 言:与一般的"言语"有区别,指讲学。

【译文】

孔子说:"我整天给颜回讲学,他从来不提反对意见和疑问,像个蠢人。等他退下之后,我考察他私下的言论,发现他对我所讲授的内容有所发挥,可见颜回其实并不蠢。"

【辩证解读】

◎孔子与颜回的教与学是思想的交流、思维的对接。

● 颜回习惯于接受老师的教导和灌输,不愿意对老师的尊严、权威有丝毫的损害和冒犯。

2.10 子曰:"视其所以①,观其所由②,察其所安③,人焉廋④哉?人焉廋哉?"

【注释】

① 所以:动机。

② 所由:所走过的路。

③ 所安:安心做的事情。

④ 廋:隐藏。

【译文】

孔子说:"(要了解一个人),应看他言行的动机,观察他所走的道路,考察他安心干什么,这样,这个人怎样能隐藏得了呢?这个人怎样能隐藏得了呢?"

【辩证解读】

◎对人应当听其言观其行，还要看他做事的心境，从他的言论、行动到他的内心，全面了解观察一个人，那么这个人就没有什么可以隐瞒得了的。

●人心难测，海水难量。人的心理和行为常常会因为某些诱因产生突变，而且有些人的伪装能力会超出常人很多。

2.11 子曰："温故①而知新，可以为师矣。"

【注释】

① 故：学过的知识。

【译文】

孔子说："在温习旧知识时，能有新体会、新发现，就可以当老师了。"

【辩证解读】

◎人们的新知识、新学问往往都是在过去所学知识的基础上发展而来的。因此，温故而知新是一个十分可行的学习方法。

●借助已有的知识可以获得新知识，但新知识更主要的是创新，是源于新发现、新发明和新创造。

2.12 子曰："君子不器①。"

【注释】

① 器：器皿（物）（只有一种用途）。

【译文】

孔子说："君子不像器具那样，（只有某一方面的用途）。"

【辩证解读】

◎君子应当博学多识，具有多方面才干，而不是只局限于在某一方面能够发挥作用,他必须能够通观全局、领导全局,这样才能成为合格的领导者。

⦿ 如果已经是执政者或管理者,博学多才似乎有益无害,但对普通知识分子而言,学而不专是不会有成就的。中国在相当长的历史时期科学技术的发展相对落后于西方,其中一个重要原因就是大多数知识分子追求博学,特别是文史领域的博学,放弃了对自然科学的探究。

2.13 子贡问君子。子曰:"先行其言而后从之。"
【译文】
子贡问怎样做一个君子。孔子说:"对于你要说的话,先实行了,再说出来,(这就能说是一个君子了)。"
【辩证解读】
◎作为君子,不能只说不做,而应先做后说。只有先做后说,才可以取信于人。

⦿ 有可能影响到他人利益,需要得到他人理解、帮助和支持的事情还是先说再做比较稳妥。

2.14 子曰:"君子周①而不比,小人比②而不周。"
【注释】
① 周:以道义为基础的团结。
② 比:bì,以利益为基础的相互勾结。
【译文】
孔子说:"君子合群而不与人勾结,小人与人勾结而不合群。"
【辩证解读】
◎小人结党营私,与人互相勾结,不能与大多数人融洽相处;而君子则不同,他胸怀广阔,与众人和谐相处,从不与人互相勾结。

◉ 结党为公有时候还是很有必要的,想要做成一件大的事情就必须首先把核心力量和骨干力量团结和动员起来。

2.15 子曰:"学而不思则罔①,思而不学则殆②。"

【注释】

① 罔:wǎng,劳而无获。

② 殆:dài,疑惑。

【译文】

孔子说:"只读书学习而不思考问题,就会惘然无知而没有收获;只空想而不读书学习,就会疑惑而不能肯定。"

【辩证解读】

◎学与思相结合。只有将学习与思考相结合,才可以使自己成为有道德、有学识的人。

◉ 关键是怎样学习?学习什么内容?如何思考?思考能力是否逐渐提高?

2.16 子曰:"攻乎异端①,斯②害也已③。"

【注释】

① 异端:不正确的言论。

② 斯:这样做。

③ 已:消除。

【译文】

孔子说:"攻击那些不正确的言论,祸害就可以消除了。"

【辩证解读】

◎对错误或处于对立面的言论不能置之不理,要及时进行批判和揭露,不能使其产生不良影响。

◉ 应该容许别人说话,处于对立面的言论也应该存在。

2.17 子曰:"由①,诲女②知之乎?知之为知之,不知为不知,是知也。"

【注释】

① 由:孔子的弟子仲由,字子路,比孔子小9岁。

② 女:rǔ,通"汝",你。

【译文】

孔子说:"由,我教给你怎样做的话,你明白了吗?知道就是知道,不知道就是不知道,这就是智慧啊!"

【辩证解读】

◎ 做人、做学问首先要有实事求是的态度,人的知识再丰富,总有不懂的问题,不能不懂装懂。

◉ 装聪明的人我们不能认可他们有智慧,但装糊涂的人也常见,我们不能说他们没智慧吧。

2.18 子张①学干禄②,子曰:"多闻阙疑,慎言其余,则寡尤;多见阙殆③,慎行其余,则寡悔。言寡尤,行④寡悔,禄在其中矣。"

【注释】

① 子张:孔子的弟子,陈人,比孔子小48岁。

② 干禄:谋取官职。

③ 殆:不确定、有疑惑的事情。

④ 行:xìng,做事情。

【译文】

子张要学谋取官职的办法,孔子说:"要多听,有怀疑的地方先放在一旁不说,其余有把握的,也要谨慎地说出来,这样就可以少犯错误;要多看,有怀疑的地方先放在一旁不做,其余有把握的,也要谨慎地去做,就能减少后悔。说话少过失,做事少后悔,官职俸禄就在这里了。"

【辩证解读】

◎做官最重要的是避免犯错误,言多必失,行多必错。要多闻多见,有十足把握了再发表意见,确定没风险了再行动,一定不能鲁莽行事。

● 为官须谨言慎行是对的,但如果所有的官员在任何时候都不敢说、不敢做,更不敢大胆尝试、大胆实践,那社会就不会有变革,也不可能有进步。

2.19 哀公①问曰:"何为则民服?"孔子对曰:"举直错②诸枉③,则民服;举枉错诸直,则民不服。"

【注释】

① 哀公:鲁君,"哀"是谥号。

② 错:放置。

③ 枉:不正。此处指走歪门邪道之小人。

【译文】

鲁哀公问:"怎样才能使百姓服从呢?"孔子回答说:"把正直无私的人提拔起来,把邪恶不正的人置于一旁,老百姓就会服从了;把邪恶不正的人提拔起来,把正直无私的人置于一旁,老百姓就不会服从统治了。"

【辩证解读】

◎君子执政,好人得意,老百姓肯定就会满意服气;小人得势,坏人当道,老百姓肯定不满意,不服气。公平公正是社会稳定、民心向背的基础。

◉ "举直错诸枉"非常正确,关键是如何举,谁来举。"直"与"枉"如何界定,界定标准能否服众。

2.20 季康子①问:"使民敬、忠以劝②,如之何?"子曰:"临③之④以庄,则敬;孝慈,则忠;举善而教不能,则劝。"

【注释】

① 季康子:鲁哀公时的正卿,当时鲁国权势最大的人,"康"是谥号。

② 劝:相互勉励。

③ 临:面对。

④ 之:代词,指百姓。

【译文】

季康子问道:"要使老百姓对当政的人尊敬、尽忠而努力干活,该怎样去做呢?"孔子说:"你用庄重的态度对待老百姓,他们就会尊敬你;你对父母孝顺、对子弟慈祥,百姓就会尽忠于你;你选用善良的人,又教育能力差的人,百姓就会互相勉励、加倍努力了。"

【辩证解读】

◎ 当政者本人庄重严谨,老百姓就会对当政的人尊敬;你自己孝顺慈祥,老百姓就愿意听你的话;当政者选贤任能,发展教育,老百姓就会尽忠又努力干活。总而言之,当政者想要有好的臣民,自己首先要做好。

◉ 当政者自己做好是不够的,必须建立好的制度。有好的法律和制度,并有好的人来执行,才有可能政通人和、长治久安。

2.21 或①谓孔子曰:"子奚不为政?"子曰:"《书》②云:'孝乎

惟孝，友于兄弟。'施③于有政，是亦为政，奚其为为政？"

【注释】

① 或：某些人。

②《书》：《尚书》。

③ 施：推及。

【译文】

有人对孔子说："你为什么不从事政治呢？"孔子回答说："《尚书》上说：'孝就是孝敬父母，友爱兄弟。'把这孝悌的道理施于政事，也就是从事政治，又要怎样才能算是从事政治呢？"

【辩证解读】

◎当官仅仅是参与政治的一种形式，每个人都以自己的方式参与政治。国家以孝为本，孝道就是政治。

◉孝敬父母、友爱兄弟基本属于家政的范畴，参与国家政治需要做更多的事情，当然孔子所做的不仅仅是尽孝而已，他也不是不想做官从政。

2.22 子曰："人而无信，不知其可也。大车无輗①，小车无軏②，其何以行之哉？"

【注释】

① 輗：ní，车的关键构造，没有它车无法行走。

② 軏：yuè，义同輗。

【译文】

孔子说："一个人不讲信用，是根本不可以的。就好像大车没有輗、小车没有軏一样，它靠什么行走呢？"

【辩证解读】

◎做人不讲信义，人生就没了方向。

● 决定人生方向的是信念和信仰。小人或坏人也会有自己的人生方向，只不过是不正确的人生方向。

2.23 子张问："十世①可知也？"子曰："殷因于夏礼，所损②益③可知也；周因于殷礼，所损益可知也。其或继周者，虽百世，可知也。"

【注释】

① 十世：今后十世的礼仪制度。

② 损：减少。

③ 益：增加。

【译文】

子张问孔子："今后十世（的礼仪制度）可以预先知道吗？"孔子回答说："商朝继承了夏朝的礼仪制度，所减少的和所增加的内容是可以知道的；周朝又继承了商朝的礼仪制度，所废除的和所增加的内容也是可以知道的。将来有继承周朝的，就是一百世以后的情况，也是可以预先知道的。"

【辩证解读】

◎通过研究历史我们能够了解过去，通过对现实的分析我们也能预知未来。当然孔子此处所说的是礼的演变和发展，他确实是古往今来这方面最伟大的专家。

● 我们对历史的真相很难全面把握，对未来的预测更是难以做到准确，事实上，孔子对百世以后周礼的命运完全没有把握。

2.24 子曰："非其鬼①而祭②之，谄③也。见义不为，无勇也。"

【注释】

① 鬼：古代死人都称"鬼"，一般指已死的先祖。

② 祭：向鬼神祈求福祉，区别于"奠"。

③ 谄：chǎn，谄媚，讨好。

【译文】

孔子说："不是你应该祭的鬼神，你却去祭它，这就是谄媚。见到应该挺身而出的事情，却袖手旁观，就是怯懦。"

【辩证解读】

◎敬奉自己应该祭拜的鬼神，做自己应该做的事，特别是道德大义需要的时候能够见义勇为。

⦿很难界定哪些是应该祭拜的鬼神，逝去的先祖和亲人我们当然要祭拜，但有些令我们心生敬佩的死者我们去祭拜也无可厚非。见义勇为也要具体情况具体分析，无谓的牺牲不可取。

八佾篇第三

3.1 孔子谓季氏①,"八佾②舞于庭,是可忍,孰不可忍也!"

【注释】

① 季氏:鲁国的权臣季平子。

② 八佾(yì):古代舞蹈奏乐,八人一行,称一佾。八佾六十四人,只有天子才有资格使用。诸侯用六佾。季氏作为大夫,只能用四佾。

【译文】

孔子谈到季氏时说,"他用六十四人在自己的庭院中奏乐舞蹈,这样的事他都忍心去做,还有什么事情不可狠心做出来呢?"

【辩证解读】

◎季孙氏用八佾舞于庭院,是典型的破坏周礼的事件,是不守规矩、破坏制度的行为。对此,孔子表现出极大的愤慨,"是可忍孰不可忍"一句,反映了孔子对此事愤怒的心情。规矩和制度被破坏就是社会动荡的序幕。

● 社会发展必然会导致社会各阶层的力量对比发生变化,没有一成不变的规矩和制度,规矩和制度都是在统治阶层的主导下制定和建立的。

3.2 三家①者以《雍》②彻③。子曰:"'相维辟公,天子穆穆',奚取于三家之堂?"

【注释】

① 三家：鲁国当政三卿孟孙氏、叔孙氏、季孙氏。

②《雍》：《诗经·周颂》中的一篇。

③ 彻：通"撤"。

【译文】

孟孙氏、叔孙氏、季孙氏三家在祭祖完毕撤去祭品时，也命乐工唱《雍》这篇诗。孔子说："(《雍》诗中这两句)'助祭的是诸侯，天子严肃静穆地在那里主祭'，这样的意思，怎么能用在你三家的庙堂里呢？"

【辩证解读】

◎天子有天子之礼，诸侯有诸侯之礼，各守各的礼，天下才可以安定。

●没有一成不变的礼，只要条件允许，下一阶层常常会效法和模仿上一阶层的做法和礼节，普通民众会模仿贵族的生活方式和礼节。

3.3 子曰："人而不仁，如礼何？人而不仁，如乐何？"

【译文】

孔子说："一个人没有仁德，他怎么能实行礼呢？一个人没有仁德，他怎么能运用乐呢？"

【辩证解读】

◎没有仁德的人，根本谈不上什么礼、乐的问题。

●仁与德是内在的心理和情感，只有在特定的环境下才能通过语言和行为表现出来，而礼和乐主要是外在的表现和行为。两者并不统一，没有仁德之人也可以表现得懂礼通乐，"王莽谦恭未篡时"就是最好的例证。

3.4 林放①问礼之本。子曰："大哉问②！礼，与其奢也，宁俭；

丧，与其易③也，宁戚④。"

【注释】

① 林放：鲁国人。

② 大哉问：有价值的问题。

③ 易：周备。

④ 戚：发自内心的悲哀。

【译文】

林放问什么是礼的根本。孔子回答说："你问的问题意义重大，就礼节仪式的一般情况而言，与其奢侈，不如节俭；就丧事而言，与其仪式上过度周备，不如内心真正哀伤。"

【辩证解读】

◎礼节仪式只是表达礼的一种形式，但根本不在形式而在内心。不能只停留在表面仪式上，更重要的是要从内心和感情上体悟礼的根本，符合礼的要求。

● 礼仪已经成为一门社交艺术和学问，也是人们共同遵守的道德规范。礼仪分为政务礼仪、商务礼仪、外交礼仪等，接待不同的贵客有着不同的标准。级别高的人自然比级别低的人仪式隆重，接待国家元首一般要鸣礼炮21响，联合国会员国的国家元首或政府首脑和国家象征人物，或与联合国有重大联系的世界级领导人去世时，都要享受联合国降半旗，这些都与奢侈无关。只要遵从的仪式在能力范围内不超规格，就无所谓节俭还是奢侈。办丧事时，内心固然哀伤，但不能完全不用礼仪，可以在约定俗成的仪式基础上简化程序。

3.5 子曰："夷狄之有君，不如诸夏①之亡②也。"

【注释】

① 诸夏：中原地区。

② 亡：没有，通"无"。

【译文】

孔子说："夷狄（文化落后）虽然有君主，还不如中原诸国没有君主呢。"

【辩证解读】

◎一个民族的先进与否不在于有无君主，而在于其制度和文化。

⦿夷狄不一定在任何时候和任何方面都落后于我们。

3.6 季氏旅于泰山①，子谓冉有②曰："女弗能救与？"对曰："不能。"子曰："呜呼！曾谓泰山不如林放乎？"

【注释】

① 旅于泰山：到泰山祭拜。按规定，只有天子才可以祭拜名山大川。

② 冉有：孔子的弟子，比孔子小29岁，供职于季氏。

【译文】

季孙氏去祭祀泰山，孔子对冉有说："你难道不能劝阻他吗？"冉有说："不能。"孔子说："唉！难道说泰山神还不如林放知礼吗？"

【辩证解读】

◎祭祀泰山是天子和诸侯的专权，季孙氏只是鲁国的大夫，他竟然也去祭祀泰山，所以孔子认为这是"僭礼"行径。

⦿祭祀泰山是天子和诸侯专权的这个礼也是人所规定的，不应该也不可能是永恒不变的。

3.7 子曰："君子无所争，必也射乎！揖让而升①，下②而饮。其争也君子。"

【注释】

① 升：比赛。

② 下：结束比赛。

【译文】

孔子说："君子没有什么可与别人争的事情。如果有的话，那就是射箭比赛了。比赛时，先相互作揖谦让，然后上场。射完后，先相互作揖再退下来，然后登堂喝酒。这就是君子之争。"

【辩证解读】

◎ "君子无所争"，即使要争，也是彬彬有礼的争，要态度友好，恭敬礼让。

● 竞争就要有竞争的环境和气氛，过于强调谦逊礼让，以至于把它与正当的竞争对立起来，就会抑制人们积极进取、勇于开拓的精神，成为社会发展的道德阻力。

3.8 子夏问曰："'巧笑倩兮，美目盼兮，素以为绚兮。'①何谓也？"子曰："绘事后素②。"曰："礼后乎？"子曰："起予者商也，始可与言《诗》已矣。"

【注释】

① 巧笑倩兮，美目盼兮，素以为绚兮：前两句见《诗经·卫风·硕人》，第三句可能是逸句。

② 绘事后素：在白底上作画。先有白底，再有画。

【译文】

子夏问孔子："'笑得真好看啊，美丽的眼睛真明亮啊，用素粉来打扮啊。'这几句话是什么意思呢？"孔子说："这是说先有白底，然后画画。"子夏又问："那么，是不是说礼也是后起的事呢？"孔子说："商，你真是能启发我的人，现在可以同你讨论

《诗经》了。"

【辩证解读】

◎有美德才可能有美貌,外表的礼节仪式同内心的仁厚重德应是统一的,如同绘画一样,质地不洁白,就不会画出丰富多彩的图案。

◉丑在特定条件下也会具有美的特征,内心奸佞之人也会表现得很有礼节,外在美与内在美也不一定总是一致。

3.9 子曰:"夏礼,吾能言之,杞①不足征也;殷礼,吾能言之,宋②不足征也。文献不足故也。足,则吾能征之矣。"

【注释】

①杞:国名,夏禹的后代,今河南杞县。

②宋:国名,商汤的后代,今河南商丘市南。

【译文】

孔子说:"夏朝的礼,我能说出来,(但是它的后代)杞国不足以证明我的话;殷朝的礼,我能说出来,(但是它的后代)宋国不足以证明我的话。这都是由于文字资料和熟悉夏礼和殷礼的人不足的缘故。如果足够的话,我就可以得到证明了。"

【辩证解读】

◎孔子善于通过文献资料研究古礼,他是研究礼的专家。

◉孔子只是通过文献资料研究古礼,而对古礼的传承者杞人和宋人则视而不见,他对礼的研究是有片面性的。

3.10 子曰:"禘①自既灌②而往者,吾不欲观之矣。"

【注释】

①禘:dì,天子举行的极为隆重的祭祀。

②灌:第一次献酒。

【译文】

孔子说:"对于行禘礼的仪式,从第一次献酒以后,我就不愿意看了。"

【辩证解读】

◎孔子是既有礼制的坚定维护者,他非常看重与等级相应的礼节。

●孔子对礼制的发展不能接受,他难以适应社会的变革和发展。

3.11 或问禘之说①,子曰:"不知也②。知其说者之于天下也,其如示诸斯乎!"指其掌。

【注释】

① 说:规定。

② 不知也:禘是鲁国的祭祀之礼,孔子不应该不知道。但孔子针对"说了也没用"的现状而不想明确指出,只得说"不知也"。

【译文】

有人问孔子关于举行禘祭的规定,孔子说:"我不知道。知道这种规定的人,对治理天下的事,就会像把这东西摆在这里一样(容易)吧!"(一面说一面)指着他的手掌。

【辩证解读】

◎孔子对有关禘祭的规定了如指掌,他知道说也无益,但还是指出了礼制对于治理国家的重要性。

●孔子所极力维护的是已经过时的礼制,他自己也明白再说什么都不会起作用了,虽然他坚持强调礼制对于治理国家的重要性。

3.12 祭①如在,祭神如神在。子曰:"吾不与祭,如不祭。"

【注释】

① 祭:祭祀先祖。

【译文】

祭祀祖先就像祖先真的在面前,祭神就像神真的在面前。孔子说:"我如果不亲自参加祭祀,那就和没有举行祭祀一样。"

【辩证解读】

◎祭祖先、祭鬼神,就好像祖先、鬼神真的在面前一样,鬼神不一定真的存在,而是强调参加祭祀的人,内心应当有虔诚的情感。

●既然祭祖先、祭鬼神,就应该相信祖先的灵魂及鬼神真的存在。

3.13 王孙贾①问曰:"与其媚于奥,宁媚于灶②,何谓也?"子曰:"不然。获罪于天,无所祷③也。"

【注释】

① 王孙贾:卫灵公的大臣。

② 与其媚于奥,宁媚于灶:这两句应为当时俗语,类似于今天的"县官不如现管"。

③ 祷:祈祷,这里有巴结之义。

【译文】

王孙贾问道:"(人家都说)与其奉承奥神,不如奉承灶神,这话是什么意思?"孔子说:"不是这样的。如果得罪了天,那就没有地方可以祷告了。"

【辩证解读】

◎地方上的官员(如灶神)直接管理百姓的生产与生活,而在内廷的官员与君主往来密切,也是得罪不起的。

●"县官不如现管""山高皇帝远",还是身边的官吏与人们的利益关联度更高一些。

3.14 子曰:"周监①于二代②,郁郁乎文哉,吾从周。"

【注释】

① 监:"鉴"的古字,借鉴。

② 二代:指夏、商二朝。

【译文】

孔子说:"周朝的礼仪制度借鉴于夏、商二代,是多么丰富多彩啊!我遵从周朝的制度。"

【辩证解读】

◎周礼是古代中国最完备的礼制。

●周礼不可能适应后来的时代,与时俱进是必然的宿命。

3.15 子入太庙①,每事问。或曰:"孰谓鄹人②之子知礼乎?入太庙,每事问。"子闻之,曰:"是礼也。"

【注释】

① 太庙:古代开国之君祭祀太祖的庙。

② 鄹(zōu)人:指孔子父亲,他曾做过鄹大夫。

【译文】

孔子到了太庙,每件事都要问。有人说:"谁说此人懂得礼呀,他到了太庙里,什么事都要问别人。"孔子听到此话后说:"这就是礼呀!"

【辩证解读】

◎孔子并不以"礼"学专家自居,而是虚心向人请教,他认为谦恭本身就是礼的外在表现形式,同时也说明了孔子对周礼的恭敬态度。

●自己懂的事情还去请教别人是故作姿态,虚伪做派。

3.16 子曰:"射不主皮①,为②力不同科③,古之道也。"

【注释】

① 射不主皮：古代箭靶子用布或皮制作而成。演习礼乐的射不同于武射，不需要穿透箭靶子。

② 为：wèi，因为。

③ 同科：相等。

【译文】

孔子说："比赛射箭，不在于穿透靶子，因为各人的力气大小不同，自古以来就是这样。"

【辩证解读】

◎ "射"是周代贵族经常举行的一种礼节仪式，属于周礼的内容之一。此处是一种比喻，意思是说，只要肯学习有关礼的规定，不管学到什么程度，都是值得肯定的。

⦿ 这个比喻不恰当，如果真是比射箭的话，力道肯定是比赛的一项内容。

3.17 子贡欲去告朔之饩羊①。子曰："赐也！尔爱②其羊，我爱其礼。"

【注释】

① 告（gù）朔饩（xì）羊：古代的一种制度。每年秋冬之交，周天子把第二年的历书颁给诸侯；诸侯将历书藏于祖庙，每月初一杀活羊祭庙。到孔子时期，鲁君已不亲自拜祭。因此，子贡认为没必要保留此形式。

② 爱：舍不得。

【译文】

子贡提出去掉每月初一告祭祖庙用的活羊。孔子说："赐，你爱惜那只羊，我却爱惜那种礼。"

【辩证解读】

◎礼的内容与形式必须统一,形式的简化和省略必然会损害内容。

● 羊乃贵重之物,能省就应该省,如此才与孔子自己所倡导的节俭办祭的理念吻合。

3.18 子曰:"事君尽礼①,人以为谄也。"

【注释】

① 尽礼:完全按照周礼。

【译文】

孔子说:"我完完全全按照周礼的规定去侍奉君主,别人却以为这是谄媚呢。"

【辩证解读】

◎严格按照周礼的规定侍奉君主,这是正确的政治伦理信念,不应该受到别人的讥讽,认为是在向君主谄媚。

● 周礼中太多的繁文缛节都是表达对君主的恭敬,况且在大多数人已经不再遵循周礼的情况下,人们以为用周礼待君就是谄媚的表现。

3.19 定公①问:"君使臣,臣事君,如之何?"孔子对曰:"君使臣以礼,臣事君以忠。"

【注释】

① 定公:鲁国国君,名宋,昭公之弟,"定"是谥号。

【译文】

鲁定公问孔子:"君主怎样使唤臣子,臣子怎样侍奉君主呢?"孔子回答说:"君主应该按照礼的要求去使唤臣子,臣子应该以忠来侍奉君主。"

【辩证解读】

◎孔子对君臣都有要求，不似后世那样君主可以无礼，臣子也必须尽忠。

●仅君主以礼待臣远远不够，对君主也应该有所约束，对其权力有所限制，使其不能够为所欲为。臣子尽忠，但也不能是愚忠。

3.20 子曰："《关雎》①，乐而不淫②，哀而不伤。"

【注释】

①《关雎》：《诗经》第一篇，但该诗没有悲哀之调。因此，刘台拱认为，《诗经》有《关雎》，《乐》也有《关雎》。古代乐章都是合三篇为一，《乐》的《关雎》包括《诗经》的《关雎》。

②淫：放荡。

【译文】

孔子说："《关雎》这篇诗，快乐而不放荡，忧愁而不哀伤。"

【辩证解读】

◎孔子赞美男女之爱，夫妇之情。

●一首音律非常美、情感非常真挚的爱情诗，孔子的评价却是"乐""不淫""哀""不伤"，说明了孔子认为主人公的"乐"和"哀"都是适度表达，体现了他的中庸思想。

3.21 哀公问社①于宰我，宰我对曰："夏后氏以松，殷人以柏，周人以栗，曰：使民战栗。"子闻之，曰："成事不说②，遂事不谏③，既往不咎。"

【注释】

①社：指祭祀土地神时所立的木制牌位。被认为是神灵。

②说：解释。

③ 谏：追究，谴责。

【译文】

鲁哀公问宰我土地神的神主应该用什么树木，宰我回答："夏朝用松树，商朝用柏树，周朝用栗子树，用栗子树的意思是说：使老百姓战栗。"孔子听到后说："已经做过的事不用提了，已经成的事不用再去劝阻了，已经过去的事也不必再追究了。"

【辩证解读】

◎周礼是神圣而完美的，既然信奉周礼就不应该说三道四，周礼即使有不足也没必要由我们这些后人来评论什么。

●周礼肯定不是完美无缺的，后人完全有资格评判其长短得失。

3.22 子曰："管仲①之器②小哉！"或曰："管仲俭乎？"曰："管氏有三归③，官事不摄，焉得俭？""然则管仲知礼乎？"曰："邦君树塞门④，管氏亦树塞门；邦君为两君之好有反坫⑤，管氏亦有反坫。管氏而知礼，孰不知礼？"

【注释】

① 管仲：春秋时齐国人，齐桓公的宰相。

② 器：肚量。

③ 三归：人民将十分之三的收获交公粮。

④ 树塞门：树，动词，树立；塞门，相当于今天的照壁。

⑤ 反坫（diàn）：土筑的用以放置器物的设备。

【译文】

孔子说："管仲这个人的器量真是狭小呀！"有人说："管仲节俭吗？"孔子说："他有三处豪华的藏金府库，他家里的管事也是一人一职而不兼任，怎么谈得上节俭呢？"那人又问："那么管仲知礼吗？"孔子回答："国君大门口设立照壁，管仲在大门口也设立照壁；国君同别国国君举行会见时在堂上有放空酒杯的设备，管仲也有这样的设备。如果说管仲知礼，那么还有谁不知礼呢？"

【辩证解读】

◎管仲器量狭小，而且还有两个毛病，一不节俭，二不知礼。

●非凡、想干大事的人一般都是专注于大事而不拘小节，不受虚礼的约束。

3.23 子语①鲁大师②乐，曰："乐其可知也：始作，翕③如也；从④之，纯如也，皦⑤如也，绎如也，以成。"

【注释】

① 语：yù，告诉。

② 大（tài）师：大师，乐官之长。

③ 翕：xì，和顺协调。

④ 从：zòng，同"纵"，放纵，展开。

⑤ 皦：jiǎo，明亮，这里指节奏分明。

【译文】

孔子与鲁国乐官谈论演奏音乐的道理时说："奏乐的道理是可以知道的：开始演奏，各种乐器合奏，声音繁美；继续展开下去，悠扬悦耳，音节分明，连续不断，最后完成。"

【辩证解读】

◎孔子对古典音乐理解透彻，掌握了其中的奥秘与规律。

●孔子将古典音乐的演奏规律讲得太过格式化、程式化。

3.24 仪封人①请见，曰："君子之至于斯也，吾未尝不得见也。"从者见之。出曰："二三子何患于丧②乎？天下之无道也久矣，天将以夫子为木铎③。"

【注释】

① 仪封人：仪，地名；封人，官衔。

② 丧：sàng，失去官位。

③ 木铎：铃铛，古代用于召集人。

【译文】

仪这个地方的长官请求见孔子，他说："凡是君子到这里来，我从没有见不到的。"孔子的随从学生引他去见了孔子。他出来后（对孔子的学生们）说："你们几位何必为没有官位而发愁呢？天下无道已经很久了，上天将以孔夫子为圣人来号令天下。"

【辩证解读】

◎仪封人真是有远见，历朝历代绝大部分时候都尊孔夫子为圣人，并以他的思想治国理政，号令天下。

◉仪封人没料到后世也有很多人对孔子口诛笔伐，深恶痛绝。

3.25 子谓《韶》①："尽美②矣，又尽善③也；"谓《武》④："尽美矣，未尽善也。"

【注释】

①《韶》：舜时的乐曲名。

② 美：指乐曲的声音美妙。

③ 善：指乐曲的内容积极向上。

④《武》：周武王时的乐曲名。

【译文】

孔子讲到《韶》这一乐舞时说："艺术形式美极了，内容也很好。"谈到《武》这一乐舞时说："艺术形式很美，但内容却差一些。"

【辩证解读】

◎艺术有形式美,艺术更需要有内容的善,二者统一于一体才是尽善尽美。

◉艺术也可以为美而美,美可以独立存在。

3.26 子曰:"居上不宽①,为礼不敬,临丧不哀,吾何以观之哉?"

【注释】

① 宽:宽厚。

【译文】

孔子说:"居于执政地位的人,不能宽厚待人,行礼的时候不严肃,参加丧礼时也不悲哀,这种情况我怎么能看得下去呢?"

【辩证解读】

◎倘为官执政者做不到"礼"所要求的那样,自身的道德修养不够,那国家就无法得到有效的治理。

◉为官执政者仅仅宽以待人、依礼行事是不够的,重要的是依法治国,为民办实事,谋幸福。

里仁篇第四

4.1 子曰:"里^①仁为美。择不处^②仁,焉得知?"

【注释】

① 里:动词,居住。

② 处:chǔ,居住。

【译文】

孔子说:"跟有仁德的人住在一起,才是好的。如果你选择的住处不是跟有仁德的人在一起,怎么能说你是明智的呢?"

【辩证解读】

◎近朱者赤、近墨者黑,与有仁德的人住在一起,耳濡目染,都会受到仁德者的影响;反之,就不大可能养成仁的情操。

◉后天环境对一个人的思想品德和行为习惯的形成是有影响的,但现代生物学的发现证明,遗传基因对人的心理和行为有更大的影响。

4.2 子曰:"不仁者不可以久处约^①,不可以长处乐。仁者安仁,知者利仁。"

【注释】

① 约:窘困。

【译文】

孔子说:"没有仁德的人不能长久地处在贫困中,也不能长久地处在安乐中。仁人是安于仁道的,有智慧的人则是知道仁对自己有利才去行仁的。"

【辩证解读】

◎没有仁德的人无论如何都是不会安于现状的,他们总会作乱生事。只有仁者安于有道德的生活,智者也会追求有道德的生活。

●有道德、有智慧的人也不应该安于现状,不思进取。

4.3 子曰:"唯仁者能好人,能恶①人。"

【注释】

① 恶:wù,厌恶。

【译文】

孔子说:"只有那些有仁德的人,才能爱人和恨人。"

【辩证解读】

◎只要做到了"仁",就必然会有(正确的)爱和恨。

●任何有思想情感的人都会有爱恨情仇,正确与否不应该模式化。

4.4 子曰:"苟志于仁矣,无恶也。"

【译文】

孔子说:"如果立志于仁,就不会做坏事了。"

【辩证解读】

◎只要养成了仁德,那就不会去做坏事,即不会犯上作乱、为非作歹。

●仁德之人也会有"私字一闪念",甚至有临时起意,而且好心办坏事,无意伤人害人的事也常有。

4.5 子曰:"富与贵,是人之所欲也,不以其道得之,不处也;贫与贱,是人之所恶也,不以其道得之,不去也。君子去仁,恶①

乎成名?君子无终食之间违②仁,造次必于是,颠沛必于是。"

【注释】

① 恶:wū,疑问代词,何,怎么。

② 违:离开。

【译文】

孔子说:"富裕和显贵是人人都想得到的,但不用正当的方法得到它,就不会去享受的;贫穷与低贱是人人都厌恶的,但不用正当的方法去摆脱它,就不会摆脱的。君子如果离开了仁德,又怎么能叫君子呢?君子连吃一顿饭的时间都不背离仁德,在最紧迫的时刻也必须按照仁德办事,在颠沛流离的时候也一定会按仁德办事。"

【辩证解读】

◎任何人都不会甘愿过贫穷困顿、流离失所的生活,都希望得到富贵安逸。但这必须通过正当的手段和途径去获取,否则宁守清贫而不去享受富贵。君子在任何时候,哪怕是在危急时刻或颠沛流离的时候也不会做违背仁的事情。

◉ 安于贫穷,甚至以穷为乐的人有;不图安逸,喜好四处流浪的人也有。任何人,哪怕是有仁德的君子也会在某些特定的情境下做出违背仁德的事情。

4.6 子曰:"我未见好①仁者,恶不仁者。好仁者,无以尚②之;恶不仁者,其为仁矣,不使不仁者加乎其身。有能一日用其力于仁矣乎?我未见力不足者。盖③有之矣,我未之见也。"

【注释】

① 好:hào,爱好。

② 尚:超越。

③盖：大概。

【译文】

孔子说:"我没有见过爱好仁德的人,也没有见过厌恶不仁的人。爱好仁德的人,认为没有什么可以超越仁德;厌恶不仁的人,在实行仁德的时候,不让不仁德的人影响自己。有谁能在一天里用全力去实行仁吗?我还没有见过力量不够的。这种人可能还是有的,只是我没见过。"

【辩证解读】

◎爱好仁德的人和厌恶不仁的人都难见到。每一个人都有能力实行仁德,可能只是不愿意尽全力去实行而已。

⦿仁德的标准和要求不能太高,大部分人在大部分时候还是仁德的,也是厌恶不仁的。

4.7 子曰:"人之过也,各于其党。观过,斯知仁矣。"

【译文】

孔子说:"人们的错误,总是与他那个集团的人所犯错误性质是一样的。所以,考察一个人所犯的错误,就可以知道他没有仁德了。"

【辩证解读】

◎如果一个人经常犯的错误性质都差不多,那么这个人肯定是没有仁德的人。

⦿人们所犯错误的性质及其所造成的伤害都有可能不一样,仁德之人也会犯错误,不能因为偶尔的失误和错误就全面否定一个人的品行。

4.8 子曰:"朝闻道,夕死可矣。"

【译文】

孔子说:"早晨得知了道,就是当天晚上死去也心甘。"

【辩证解读】

◎掌握人生及社会的真谛比生命还重要。

● 此处孔子言道的重要及他本人求道的决心和指向。道虽重要,生命也很宝贵,人活在世上,也要有孝敬父母、抚养子女等人伦责任感。

4.9 子曰:"士志于道,而耻恶衣恶食者,未足与议也。"

【译文】

孔子说:"士有志学习和实行圣人的道理,但又以自己吃穿不好为耻辱,对这种人,是不值得与他谈论道的。"

【辩证解读】

◎如果一个人对个人的吃穿等生活琐事斤斤计较,他是不会有远大志向的,因此,根本就不必与这样的人去讨论什么道的问题。

● 吃也是一门学问,穿在许多时候也需要讲究,在某些特定场合衣冠不整、着装不当也会失礼。有德而有志于道的人生活讲究一点不为错。

4.10 子曰:"君子之于天下也,无适也,无莫也,义之与比。"

【译文】

孔子说:"君子对于天下的人和事,没有固定的厚薄亲疏,只是按照义去做。"

【辩证解读】

◎君子天下为公,道义是唯一的做人处事标准。

● 道义也应与时俱进,随时调整,不能遵循旧时的道义,也不能人为地界定道义,而应以法律为准绳。

4.11 子曰:"君子怀德,小人怀土①;君子怀刑②,小人怀惠。"

【注释】

① 土:乡土。

② 刑:古代专指法律制度。

【译文】

孔子说:"君子思念的是道德,小人思念的是乡土;君子想的是法制,小人想的是恩惠。"

【辩证解读】

◎君子看重的是道德,小人看重的是乡土,即眼前的事情和利益;君子公平公正,小人厚此薄彼。

◉ 道德与乡土不是同类和平行概念,君子也应该有乡土情怀;君子也要通盘考虑,兼顾他人的利益。

4.12 子曰:"放①于利而行,多怨。"

【注释】

① 放:fǎng,追求。

【译文】

孔子说:"为追求利益而行动,就会招致更多的怨恨。"

【辩证解读】

◎追求个人的利益就会招致来自各方的怨恨和指责。

◉ 在不损害国家、集体和他人利益的前提下追求个人利益无可厚非。

4.13 子曰:"能以礼让为①国乎,何有?不能以礼让为国,如礼何?"

【注释】

① 为:治理。

【译文】

孔子说:"能够用礼让原则来治理国家,那还有什么困难呢?不能用礼让原则来治理国家,怎么能实行礼呢?"

【辩证解读】

◎要把"礼"的原则推而广之,用于国与国之间的交往。国与国之间也要以礼相待。

◉国与国之间常常有利益之争,以礼相待的同时还要据理力争。

4.14 子曰:"不患无位,患所以立①;不患莫己知,求为可知也。"

【注释】

① 立:古代与"位"通用。

【译文】

孔子说:"不怕没有官位,就怕自己没有学到赖以站得住脚的东西;不怕没有人知道自己,只求自己成为有真才实学且值得为人们知道的人。"

【辩证解读】

◎能否得到官位由不得自己,因此不必过多考虑,需要考虑的是自己得以安身立命的品德及本领;不要担心不出名,重要的是自己有让别人知道的价值。

◉也有人拥有安身立命的品德和本领,但是比较低调,并不被人熟知。"好酒也怕巷子深""有为才有位,有位才可施展才华",在遇到危急时刻或是国家需要的时候,这些人完全应该毛遂自荐,挺身而出,扭转时局,报效祖国。

4.15 子曰:"参乎,吾道一以贯之。"曾子曰:"唯。"子出,门人问曰："何谓也？"曾子曰："夫子之道，忠恕而已矣。"

【译文】

孔子说："参啊，我讲的道是有一个基本的思想贯彻始终的。"曾子说："是。"孔子出去之后，同学便问曾子："这是什么意思？"曾子说："老师的道，就是忠恕罢了。"

【辩证解读】

◎忠恕之道是孔子思想的重要内容。待人忠恕，这是仁的基本要求，贯串于孔子思想的各个方面。

●忠恕之道也应该视不同情况和不同人群区别对待。对待坏人或是违背原则的事也要忠和仁，就是农夫和蛇的故事了；对待敌人也要恕，有时会纵容敌人。善良也应有锋芒，宽恕也应有原则。

4.16 子曰："君子喻①于义，小人喻于利。"

【注释】

① 喻：明白，懂得。

【译文】

孔子说："君子明白义，小人只知道利。"

【辩证解读】

◎君子重义，小人重利。

●重义者肯定是君子，重利者未必就是小人。义与利不应该完全对立。舍利取义是真君子，不害义而取利也是好人。

4.17 子曰："见贤思齐焉，见不贤而内自省也。"

【译文】

孔子说："见到贤人，就应该向他学习、看齐，见到不贤的人，就应该自我反省（自己有没有与他类似的错误）。"

【辩证解读】

◎这是正确的修身之道。向优秀的人学习，取他人之长补自己之短；见到表现不好的人就要反思自己是否也有类似的毛病和缺点。

● 每个人都有自身不同的出生背景及成长环境，所谓"尺有所短，寸有所长"。人人都有自己的性格特点和行为方式，犯不着每天琢磨别人的长短，好好做人，好好做事就行。

4.18 子曰："事父母几谏①，见志不从，又敬不违②，劳而不怨。"

【注释】

① 几谏：委婉劝说。

② 违：冒犯。

【译文】

孔子说："侍奉父母，（如果父母有不对的地方），要委婉地劝说他们。（自己表达意见后）见父母心里不愿听从，还是要对他们恭恭敬敬，并不违抗，替他们操劳而不怨恨。"

【辩证解读】

◎要服从父母的意志，感觉父母有不对的时候可以委婉地劝谏他们，如果父母不听仍要服从他们，不要有怨言。

● 侍奉父母是应该的，但要求子女对父母绝对服从，百依百顺，甚至父母的意见和决定是错误的，还不听劝说时，子女仍要对他们毕恭毕敬，毫无怨言。这就是典型的封建专制主义。父母和子女也应该互相尊重，有不同意见时最好都能够敞开心扉，心平气和地讨论。父母对子女也应该以理服人。

4.19 子曰："父母在，不远游，游必有方。"

【译文】

孔子说:"父母在世时,不远离家乡,如果不得已要出远门,也必须有确定的地方。"

【辩证解读】

◎家里有父母就尽量不要离家太远,要方便照顾父母。

●国家召唤需要奔向远方的时候必须以国家为重,当然,要经常和父母保持联系,也要常回家看看。

4.20 子曰:"三年无改于父之道,可谓孝矣。"

见于《学而篇》1.11章,此处略。

4.21 子曰:"父母之年①,不可不知也。一则以喜,一则以惧。"

【注释】

① 年:年龄,岁数。

【译文】

孔子说:"父母的年纪,不可不知道并且要常常记在心里。一方面为他们的长寿而高兴,一方面又为他们的衰老而恐惧。"

【辩证解读】

◎对父母的孝在细微之处也应该体现。

●把父母的年龄记挂心间,在欣喜父母的高寿,恐惧父母年老的同时,更应该有具体行动表达孝心,比如每年为父母庆祝生日并送上礼物,陪伴老人等。

4.22 子曰:"古者言之不出,耻①躬之不逮②也。"

【注释】

① 耻:以……为耻。

② 逮：dài，赶上。

【译文】

孔子说："古代人不轻易把话说出口，因为他们以自己做不到为可耻啊。"

【辩证解读】

◎我们应该像古人那样谨言慎行，不轻易允诺，不轻易表态，如果做不到，就会失信于人，你的威信也就降低了。

● 不能因为怕说错话就少说话，甚至不说话。快言直语、有啥说啥的人也值得尊重。

4.23 子曰："以约失之者鲜矣。"

【译文】

孔子说："用礼来约束自己，再犯错误的人就少了。"

【辩证解读】

◎懂礼仪、守规矩的人犯错误的概率小。

● 人只要做事情就可能犯错误，重要的是不能犯致命的错误。

4.24 子曰："君子欲讷于言而敏于行。"

【译文】

孔子说："君子说话要谨慎，而行动要敏捷。"

【辩证解读】

◎君子应该少说、多做、快做。

● 那些不能够称之为君子且口拙舌笨的人也不会多说话，但他们也有可能比一般人做得多、做得快。

4.25 子曰："德不孤，必有邻。"

【译文】

孔子说:"有道德的人是不会被孤立的,一定会有思想一致的人与他相处。"

【辩证解读】

◎好人到处有,有德之人是不会孤独的。

●"高处不胜寒",伟大的灵魂总是孤独的。

4.26 子游曰:"事君数①,斯辱矣;朋友数,斯疏矣。"

【注释】

① 数:shuò,烦琐。

【译文】

子游说:"侍奉君主太过烦琐,就会受到侮辱;对待朋友太过烦琐,就会被疏远。"

【辩证解读】

◎不管与什么人交往都不应该太过亲密,不分彼此。相互间保持一定的距离,关系才有可能长久。

●侍奉君主过多也许会受到侮辱,但上谏言指出君主的过错时,明知烦琐会导致侮辱,也还是应该坚持原则,只不过要讲究方式方法。对待朋友虽然奉行"君子之交淡如水"更长久,但是明知朋友有过错也不指出,朋友有难也不伸出援手,而是保持距离观望,也不是真正的相处之道。

公冶长篇第五

5.1 子谓公冶长①,"可妻②也。虽在缧绁③之中,非其罪也。"以其子④妻之。

【注释】

① 公冶长:孔子的弟子,齐国人。

② 妻:qì,此处作动词。

③ 缧绁:léixiè,监狱。

④ 子:此处指女儿。

【译文】

孔子评论公冶长说:"可以把女儿嫁给他,他虽然被关在牢狱里,但这并不是他的罪过呀。"于是,孔子就把自己的女儿嫁给了他。

【辩证解读】

◎评价一个人要看他一贯的表现,虽然他暂时遭遇牢狱之灾,我们也要认真分析他是否真的有罪。

● 把自己的女儿嫁给一个身在监狱的人是不是有点儿不负责任。征求过女儿的意见吗?

5.2 子谓南容①:"邦有道,不废;邦无道,免于刑戮。"以其兄之子妻之。

【注释】

① 南容：孔子的弟子。

【译文】

孔子评论南容说："国家有道时，他有官做；国家无道时，他也可以免去刑戮。"于是把自己的侄女嫁给了他。

【辩证解读】

◎南容是一个能够使自己立于不败之地的人，对女人而言比较有安全感。孔子把侄女嫁给他比较保险。

◉南容是一个原则和立场都不坚定的人，善于明哲保身。

5.3 子谓子贱①："君子哉若人，鲁无君子者，斯焉取斯。"

【注释】

① 子贱：孔子的弟子，比孔子小49岁。

【译文】

孔子评论子贱说："这个人真是个君子呀，如果鲁国没有君子的话，他是从哪里学到这种品德的呢？"

【辩证解读】

◎孔子为自己能够把像子贱这样的学生培养成为君子而深感自豪。

◉孔子拐弯抹角自夸，称子贱为君子，但接下来说，鲁国如无君子，子贱也不可能学到君子的品德。言下之意是说他自己就是君子，而子贱的君子之德是由他一手培养的。

5.4 子贡问曰："赐也何如？"子曰："女，器也。"曰："何器也？"曰："瑚琏①也。"

【注释】

① 瑚琏：húliǎn，祭祀用的器皿。

【译文】

子贡问孔子:"我这个人怎么样?"孔子说:"你呀,好比一个器具。"子贡又问:"是什么器具呢?"孔子说:"是瑚琏。"

【辩证解读】

◎孔子用比较间接,而且是类比的方法指出自己学生的不足。孔子把子贡比作瑚琏,肯定子贡有一定的才能,因为瑚琏是古代祭器中贵重而华美的一种。但如果与上二章联系起来分析,可见孔子认为子贡还需要继续努力,认为他还没有达到"君子之器"那样的程度,仅有某一方面的才干。

● 孔子可能是对子贡的要求比较高,"瑚琏之器"实际上是对子贡的一种批评,认为他不是"君子之器",但历史的事实证明,子贡是一个非常全面的人才,无论做官还是经商都非常成功。

5.5 或曰:"雍也仁而不佞①。"子曰:"焉用佞?御人以口给②,屡憎于人,不知其仁。焉用佞?"

【注释】

① 佞:nìng,能言善辩。

② 口给:伶牙俐齿。

【译文】

有人说:"冉雍这个人有仁德,但不善辩。"孔子说:"何必要能言善辩呢?靠伶牙俐齿和人辩论,常常招致别人的讨厌,这样的人我不知道他是不是做到了仁,但何必要能言善辩呢?"

【辩证解读】

◎有仁德就足够了,根本不需要能言善辩、伶牙俐齿。善说的人肯定没有仁德,而有仁德者则不必有辩才。要以德服人,不以嘴服人。

● 口才也是一种重要的才能,口才不好的人未必有仁德,口才好的人未必没有仁德，口才与仁德之间没有必然的关联。

5.6 子使漆雕开①仕。对曰："吾斯之未能信②。"子说。

【注释】

① 漆雕开：孔子的弟子，姓漆雕，名开。

② 吾斯之未能信：可以理解为"吾未能信斯"。

【译文】

孔子让漆雕开去做官。漆雕开回答说："我对做官这件事还没有信心。"孔子听了很高兴。

【辩证解读】

◎漆雕开认为自己尚未达到"学而优"的程度，做官还没有把握，他想继续跟孔子学习，晚点去做官，这是谦虚的表现，所以孔子很高兴。

● 孔子既然主张漆雕开去做官，肯定对这个学生是有把握的，学生自谦，他在赞许学生谦逊的同时，还是应该鼓励学生尽快去做官，尽早学有所用。

5.7 子曰："道不行，乘桴①浮于海。从我者，其由与！"子路闻之喜。子曰："由也好勇过我，无所取材②。"

【注释】

① 桴：fú，竹木制的小筏子。

② 材：通"哉"，语气词。

【译文】

孔子说："如果我的主张行不通，我就乘上木筏子到海外去。能跟从我的大概只有仲由吧！"子路听到这话很高兴。孔子说："仲由啊，好勇超过了我，其他没有什么可取的才能。"

【辩证解读】

◎孔子对自己的主张能否得到实行还是信心满满,他做了一个基本上不可能成为现实的假设,即如果他的主张行不通就在子路的陪伴下乘个木筏子浮于海上。他和学生关系密切,非常欣赏子路的勇敢品格,但也以幽默的口气批评了子路。

●孔子对自己的主张能否得到实行没有什么把握,虽然他对这个问题轻松面对。子路不知就里,还瞎高兴,结果让老师一顿挖苦。

5.8 孟武伯问子路仁乎?子曰:"不知也。"又问。子曰:"由也,千乘之国,可使治其赋①也,不知其仁也。""求也何如?"子曰:"求也,千室之邑②,百乘之家③,可使为之宰④也,不知其仁也。""赤也何如?"子曰:"赤⑤也,束带立于朝,可使与宾客言也,不知其仁也。"

【注释】

① 赋:兵赋。
② 邑:古代庶民居住地。
③ 家:古代卿大夫的封地。
④ 宰:古代一县之长和大夫家的总称。
⑤ 赤:孔子的弟子,比孔子小 40 岁。

【译文】

孟武伯问孔子:"子路做到仁了吧?"孔子说:"我不知道。"孟武伯又问。孔子说:"仲由嘛,在拥有一千辆兵车的国家里,可以让他管理军事,但我不知道他是不是做到了仁。"孟武伯又问:"冉求这个人怎么样?"孔子说:"冉求这个人,可以让他在一个有千户人家的公邑或有一百辆兵车的采邑里当总管,但我也不知道他是不是做到了仁。"孟武伯又问:"公西赤又怎么样呢?"孔子说:"公西赤嘛,可以让他穿着礼服,站在朝廷上,接待贵宾,我也不知道他是不是做到了仁。"

【辩证解读】

◎孔子非常清楚三个学生有什么样的专长,能做多大的事,但对他们是否达到了"仁"的要求却不下结论,因为仁德有比较高的标准,仁德无止境,也需要人不断修身养性。

◉"仁"是一个模糊而含义宽泛的概念,孔子自己也说不清楚三个学生做到什么程度才算达到了仁德的要求。

5.9 子谓子贡曰:"女与回也孰愈?"对曰:"赐也何敢望回?回也闻一以知十,赐也闻一以知二。"子曰:"弗如也。吾与女弗如也。"

【译文】

孔子对子贡说:"你和颜回相比,谁更好一些呢?"子贡回答说:"我怎么敢和颜回相比呢?颜回听到一件事就可以推知十件事,我呢,知道一件事只能推知两件事。"孔子说:"是不如他呀,我同意你说的,是不如他。"

【辩证解读】

◎孔子对颜回十分欣赏,通过子贡之口称赞其勤于学习,而且肯独立思考,能做到闻一知十,推知全体,融会贯通。他甚至认为自己都不如颜回。

◉颜回仅仅是一个听话而善于学习的学生,是孔子最得意的门生,孔子对他的称赞带有太多的情感成分。

5.10 宰予昼寝,子曰:"朽木不可雕也,粪土之墙不可杇[①]也,于予与何诛!"子曰[②]:"始吾于人也,听其言而信其行;今吾于人也，听其言而观其行。于予与改是。"

【注释】

① 圬：wū，把墙抹平。

② 子曰：这句话是孔子在另一时间所说，此处是插入使用。

【译文】

宰予白天睡觉，孔子说："腐朽的木头无法雕刻，粪土垒的墙壁无法粉刷，对于宰予这个人，责备还有什么用呢？"孔子说："起初我对于人，是听了他说的话便相信了他的行为；现在我对于人，听了他讲的话还要观察他的行为。在宰予这里我改变了观察人的方法。"

【辩证解读】

◎孔子对学生要求非常严格，批评起来也特别严厉。他对宰予这样的学生实际上是恨铁不成钢。

●宰予不太听话，经常质疑孔子，因此不讨孔子的喜欢。宰予昼寝非大错，孔子是小题大做，借题发挥。

5.11 子曰："吾未见刚者。"或对曰："申枨①。"子曰："枨也欲，焉得刚？"

【注释】

① 申枨（chéng）：孔子的学生。

【译文】

孔子说："我没有见过刚强的人。"有人回答说："申枨就是刚强的人。"孔子说："申枨这个人欲望太多，怎么能做到刚强呢？"

【辩证解读】

◎人的欲望多了就做不到刚强。

●孔子关于刚强的标准定得太高了，人怎么会没有欲望呢！

5.12 子贡曰:"我不欲人之加诸我也,吾亦欲无加诸人。"子曰:"赐也,非尔所及也。"

【译文】

子贡说:"我不愿别人欺辱我,我也不愿欺辱别人。"孔子说:"赐呀,这就不是你所能做到的了。"

【辩证解读】

◎以君子之道为人处事太难了。

●人在大部分情况下还是可以约束控制自己的言语和行为的。

5.13 子贡曰:"夫子之文章①,可得而闻也;夫子之言性与天道,不可得而闻也。"

【注释】

① 文章:孔子讲授的全部知识。

【译文】

子贡说:"老师讲授的礼、乐、诗、书等知识,依靠耳闻是能够学到的;老师讲授的人性和天道的理论,依靠耳闻是不能够学到的。"

【辩证解读】

◎在子贡看来,孔子所讲的礼、乐、诗、书等具体知识只靠听讲就可以学到了,但关于人性与天道的理论不是通过听课就可以学到的,必须通过内心的体会,才有可能把握得住。

●孔子有关人性与天道的理论深奥神秘、模糊不清,连他最聪明的学生也琢磨不透。

5.14 子路有闻,未之能行,唯恐有闻。

【译文】

子路在听到一条道理但没有能亲自施行的时候,唯恐又听到新的道理。

【辩证解读】

◎子路是一个重实践的学生。

●子路脑子反应比较慢。

5.15 子贡问曰:"孔文子^①何以谓之文也?"子曰:"敏而好学,不耻下问,是以谓之文也。"

【注释】

① 孔文子:卫国大夫,"文"是谥号。

【译文】

子贡问道:"为什么给孔文子一个'文'的谥号呢?"孔子说:"他聪敏勤勉而好学,不以向比他地位卑下的人请教为耻,所以给他的谥号是'文'。"

【辩证解读】

◎一个文化人就应该聪敏而喜好学习,甚至于愿意向不如自己的人请教。

●向身份地位不如自己的人请教,说明这个人还是在某一方面确实长于文化人,虽然文化人"不以为耻",但耻辱与请教挂钩,还是折射出儒家不对等的阶层论。

5.16 子谓^①子产^②有君子之道四焉:"其行己也恭,其事上也敬,其养民也惠,其使民也义。"

【注释】

① 谓:评论。

② 子产：春秋时郑国杰出的政治家、外交家。

【译文】

孔子评论子产说他有君子的四种道德："他自己行为庄重，他侍奉君主恭敬，他养护百姓有恩惠，他役使百姓有法度。"

【辩证解读】

◎子产在郑简公、郑定公之时执政22年。在诸国争强、战乱不息中，郑国地处要冲，不得不周旋于各大国之间，然而子产却能不低声下气，也不妄自尊大，使国家得到尊敬和安全，他的确是中国古代一位杰出的政治家和外交家。孔子对子产的评价甚高，认为治国安邦就应当具有子产的这四种道德。

● 子产品德高尚，但他治国理政，特别是能周旋于各个大国之间而让郑国无虞主要靠的是他的能力和计谋，难免宣扬的是个人英雄主义，体现的是能人治国。

5.17 子曰："晏平仲①善与人交，久而敬之。"

【注释】

① 晏平仲：齐国的贤大夫晏婴。

【译文】

孔子说："晏平仲善于与人交朋友，相识久了，别人就尊敬他。"

【辩证解读】

◎孔子重视培养学生与人交往的能力，强调与人为善。

● 善于与人交往确实是种社交能力，但也应强调真诚，否则有"万金油"之嫌。一个人仅仅因品德善良、善于交友而受到敬仰，这种认识有点儿狭隘了，因为有"伪善""假善"存在，有时"伪善""假善"比"无善"更可怕。中国历史上从来不乏伪善人、伪君子。

5.18 子曰:"臧文仲①居蔡②,山节藻棁③,何如其知也!"

【注释】

① 臧文仲:鲁国大夫。

② 蔡:大龟。

③ 山节藻棁(zhuō):节,柱上斗拱;棁,梁上短柱。

【译文】

孔子说:"臧文仲藏了一只大龟,藏龟的屋子斗拱雕成山的形状,短柱上画以水草花纹,他这个人怎么能算是有智慧呢?"

【辩证解读】

◎臧文仲不顾周礼的规定,竟然修建了藏龟的大屋子,装饰成天子宗庙的样式,这是"越礼"之举。所以,他不是一个智者。

● 臧文仲越礼建屋,应该是不礼不仁,不应该说是不智,何况当时建这样的大屋已经是法不禁止。

5.19 子张问曰:"令尹①子文三仕为令尹,无喜色;三已之,无愠色。旧令尹之政,必以告新令尹。何如?"子曰:"忠矣。"曰:"仁矣乎?"曰:"未知。焉得仁?""崔子②弑齐君,陈文子③有马十乘,弃而违之,至于他邦,则曰:'犹吾大夫崔子也。'违之。之一邦,则又曰:'犹吾大夫崔子也。'违之,何如?"子曰:"清矣。"曰:"仁矣乎?"曰:"未知,焉得仁?"

【注释】

① 令尹:楚国宰相称作令尹。

② 崔子:齐国大夫。

③ 陈子文:齐国大夫。

【译文】

子张问孔子说:"令尹子文几次做楚国宰相,没有显出高兴的样子；几次被免职，也没有显出怨恨的样子。（他每一次被免职）一定把自己的一切政事全部告诉给来接任的新宰相。你看这个人怎么样？"孔子说："可算得上忠了。"子张问："算得上仁了吗？"孔子说："不知道。这怎么能算得上仁呢？"（子张又问：）"崔杼杀了他的君主齐庄公，陈文子家有四十匹马，都舍弃不要了，离开了齐国，到了另一个国家，他说：'这里的执政者也和我们齐国的大夫崔子差不多'。然后就离开了。到了另一个国家，又说：'这里的执政者也和我们齐国的大夫崔子差不多'。然后又离开了。这个人你看怎么样？"孔子说："可算得上清高了。"子张说："算得上仁了吗？"孔子说："不知道。这怎么能算得上仁呢？"

【辩证解读】

◎令尹子文不管君王用与不用都不喜不怒，恪尽职守，忠于君主，算是尽忠了；陈文子不与逆臣共事，算是清高了，但他们两人都还算不上仁。因为在孔子看来，"忠"只是仁的一个方面，"清"则是为维护礼而献身的殉道精神。

● 孔子有关仁德的标准太模糊，也特别高，一般的人和官员都难以被认为是仁德之人。

5.20 季文子三思而后行。子闻之，曰："再①，斯可矣。"

【注释】

① 再：两次。

【译文】

季文子每做一件事都要考虑多次。孔子听到了，说："考虑两次也就行了。"

【辩证解读】

◎曾有人说："文子生平盖祸福利害之计太明，故其美恶两不相掩，皆三思之病也。其思之至三者，特以世故太深，过为谨慎；然其流弊将至利害徇一己之私矣。"（官懋庸《论语稽》）当时季文子做事过于谨慎，顾虑太多，所以孔子的话不无道理。

● 凡事三思而后行，总是利多弊少。对季文子或许两次就可以了，但对孔子的学生而言三思应该更好一些。

5.21 子曰："宁武子①，邦有道则知②，邦无道则愚，其知可及也，其愚不可及也。"

【注释】

① 宁武子：卫国大夫。

② 知：聪明。

【译文】

孔子说："宁武子这个人，当国家有道时，他就显得聪明，当国家无道时，他就装傻，他的那种聪明别人可以做得到，他的那种装傻别人就做不到了。"

【辩证解读】

◎孔子对宁武子的做法基本取赞许的态度。他教学生的是自保之法。

● 国家无道时仁人志士应该挺身而出，救民于水火，解民倒悬，而不是装傻做愚以求自保，等国家太平以后又跑出来做官。

5.22 子在陈①曰："归与！归与！吾党之小子②狂简③，斐然成章，不知所以裁④之。"

【注释】

① 陈：国名，春秋时为楚国所灭。

② 小子：青年人。

③ 狂简：志大才疏。

④ 裁：裁剪，引申为引导。

【译文】

孔子在陈国说："回去吧！回去吧！家乡的学生志大才疏，已经成了花纹绚烂的丝绸，但还不知道该如何裁剪。"

【辩证解读】

◎孔子说这段话时，正当鲁国季康子执政，欲召冉求回去，协助办理政务。所以，孔子说回去吧，去为官从政，实现他们的抱负。但同时又指出他在鲁国的学生尚存在的问题，胸有锦绣但缺乏历练，还没有真正成才。

● 孔子不认可季康子，他实际上是不乐意他的学生回去为官，但又担心阻止不了，因此说了一番酸话。

5.23 子曰："伯夷叔齐不念旧恶①，怨是用②希。"

【注释】

① 恶：仇恨。
② 是用：因此。

【译文】

孔子说："伯夷、叔齐两个人不计较过去的仇恨，因此，怨恨也就少了。"

【辩证解读】

◎伯夷、叔齐是正人君子。

● 伯夷、叔齐，后人虽尊其"仁""圣"，但其弃商投周（周文王执政），周（周武王执政）灭商后又耻食周粟，实则是狭隘意义上的"仁""圣"，最后饿死于首阳山，实乃一对矛盾之人，被儒家推崇甚高。

5.24 子曰："孰谓微生高①直？或乞醯②焉，乞诸其邻而与之。"

【注释】

① 微生高：《庄子》《战国策》里的尾生高。

② 醯：xī，醋。

【译文】

孔子说："谁说微生高这个人直率？有人向他讨点醋，他（不直接说没有，却暗地）到他邻居家里讨了点给人家。"

【辩证解读】

◎有就是有，没有就是没有，犯不着没有还去邻居家借一点，这不是直率的表现。

◉微生高是一个品德高尚的人，他不想让人失望。

5.25 子曰："巧言令色足恭，左丘明耻之，丘亦耻之。匿怨而友①其人，左丘明耻之，丘亦耻之。"

【注释】

① 匿怨而友：匿，隐藏。心里怨恨，表面友好。

【译文】

孔子说："花言巧语，装出好看的脸色，摆出逢迎的姿势，低三下四地过分恭敬，左丘明认为这种人可耻，我也认为可耻。把怨恨装在心里，表面上却装出友好的样子，左丘明认为这种人可耻，我也认为可耻。"

【辩证解读】

◎人要正直、坦率、诚实，不要花言巧语，不要口是心非、口蜜腹剑、表里不一。

◉在许多场合说话还是需要讲究方式方法，也不一定心里怎么想就怎么说。

5.26 颜渊、季路侍。子曰:"盍①各言尔志。"子路曰:"愿车马衣轻裘,与朋友共,敝之而无憾。"颜渊曰:"愿无伐②善,无施③劳。"子路曰:"愿闻子之志。"子曰:"老者安之,朋友信之,少者怀之。"

【注释】

① 盍:何不?

② 伐:夸耀。

③ 施:yì,延及、扩展。

【译文】

颜渊、子路两人侍立在孔子身边。孔子说:"你们何不各自说说自己的志向。"子路说:"我愿意拿出自己的车马、衣服、皮袍,同我的朋友共同使用,用坏了也不抱怨。"颜渊说:"我愿意不夸耀自己的长处,不表白自己的功劳。"子路向孔子说:"愿意听听您的志向。"孔子说:"(我的志向是)让年老的安心,让朋友们信任我,让年轻的子弟们得到关怀。"

【辩证解读】

◎孔子及其弟子品德高尚,在谈及个人志向的时候都志存高远,不涉及个人的利益,都立志修身养性。

● 先做好自己才能拯救他人,个人的志向首先应该是规划好自己的人生。

5.27 子曰:"已矣乎!吾未见能见其过而内自讼者也。"

【译文】

孔子说:"完了,我还没有看见过能够看到自己的错误而又能从内心责备自己的人。"

【辩证解读】

◎孔子说他没有见过有自知之明、有错即改的人。

⦿事实上有自知之明、有错即改的人应该是存在的。

5.28 子曰:"十室之邑,必有忠信如丘者焉,不如丘之好学也。"

【译文】

孔子说:"即使只有十户人家的小村子,也一定有像我这样讲忠信的人,只是不如我那样好学罢了。"

【辩证解读】

◎忠信比较容易做到,但好学不是许多人都能够坚持的。

⦿忠信其实更不易,好学的人当然也不多见。

雍也篇第六

6.1 子曰:"雍也可使南面①。"仲弓问子桑伯子②。子曰:"可也,简。"仲弓曰:"居敬而行简,以临其民,不亦可乎?居简而行简,无乃③大④简乎?"子曰:"雍之言然。"

【注释】

① 南面:古代的天子、诸侯、卿大夫作为长官出现时,总是面南而坐。

② 子桑伯子:人名。

③ 无乃:难道不是。

④ 大:通"太"。

【译文】

孔子说:"冉雍这个人,可以让他去做官。"仲弓问孔子:子桑伯子这个人怎么样。孔子说:"此人还可以,办事简要而不烦琐。"仲弓说:"居心恭敬严肃而行事简要,像这样来治理百姓,不是也可以吗?(但是)自己马马虎虎,又以简要的方法办事,这岂不是太简单了吗?"孔子说:"冉雍说得对。"

【辩证解读】

◎孔子觉得冉雍可以去从政做官,治理国家。孔子主张办事简明扼要,不烦琐,不拖拉,果断利落。不过,任何事情都不可太过分。如果在办事时,一味追求简要,却马马虎虎,就有些不妥当了。

● 为官理政不能一味强调简约,应该首先注重公平公正,按制度、规矩和程序办事。

6.2 哀公问:"弟子孰为好学?"孔子对曰:"有颜回者好学,不迁怒,不贰过①,不幸短命死矣。今也则亡,未闻好学者也。"

【注释】

① 贰过:犯同样的错误。

【译文】

鲁哀公问孔子:"你的学生中谁是最好学的呢?"孔子回答说:"有一个叫颜回的学生好学,他从不迁怒于别人,也从不犯同样的错误,可不幸短命死了。现在没有那样的人了,没有听说谁是好学的。"

【辩证解读】

◎颜回是孔子最喜欢、最欣赏的学生,他最突出的优点是好学,修养好。可以看出孔子最看重的是学生的学习态度和品德修养。

● 从孔子的言论中我们可以看出,颜回为人谦恭,处事谨慎,最大的优点是学习态度好,但我们也能感受到颜氏精神不振,身体不佳,学而不专,学而不用。

6.3 子华使①于齐,冉子为其母请粟②。子曰:"与之釜③。"请益④。曰:"与之庾⑤。"冉子与之粟五秉⑥。子曰:"赤之适齐也,乘肥马,衣⑦轻裘。吾闻之也:君子周⑧急不济富。"

【注释】

① 使:shì,出使。

② 粟:小米。

③ 釜:古代量名,合六斗四升,约合今天的一斗一升八合。

④ 益:增加。

⑤ 庾：yǔ，古代量名，合二斗四升，约合今天的四升八斗八合。

⑥ 秉：古代量名，一秉为十六斛，一斛为十斗，约合今天的三石二十升。

⑦ 衣：yì，动词，穿。

⑧ 周：救济。

【译文】

子华出使齐国，冉求替子华的母亲向孔子请求补助一些谷米。孔子说："给她六斗四升。"冉求请求再增加一些。孔子说："再给她二斗四升。"冉求却给了她八百斗小米。孔子说："公西赤到齐国去，乘坐着肥马驾的车子，穿着又暖和又轻便的皮袍。我听说过，君子只是周济急需救济的人，而不是周济富有的人。"

【辩证解读】

◎孔子提倡仁德，但他所倡导的仁德是有条件的，他帮助人有自己的原则，即"君子周急不济富"。

⦿从文中的情境我们可以看出，子华所要求的并不是救济，而是他出使齐国的报酬。孔子压根没想到应该给子华报酬。

6.4 原思①为之②宰③，与之④粟九百，辞。子曰："毋，以与尔邻里乡党乎！"

【注释】

① 原思：孔子弟子。

② 之：代词，指孔子。

③ 宰：总管。

④ 之：代词，指原思。

【译文】

原思给孔子家当总管，孔子给他俸米九百，原思推辞不要。

孔子说:"不要推辞,(如果有多余的)就给你的乡亲们吧。"

【辩证解读】

◎孔子雇用学生是坚持付报酬的,而且坚持报酬不能少,如果学生认为给得太多,他建议拿去周济乡邻。

● 很显然,孔子在雇用原思的时候关于报酬问题并没有事先约定,更不可能有合约,最后是他想给多少就给多少。

6.5 子谓仲弓,曰:"犁牛为之骍①且角②。虽欲勿用③,山川其舍诸?"

【注释】

① 骍:xīng,赤色,周朝用赤色牲畜祭祀。
② 角:名词作形容词,角长得端正。
③ 用:用作牺牲。

【译文】

孔子在评论仲弓的时候说:"耕牛产下的牛犊长着红色的毛,角也长得整齐端正。人们虽想着不用它做祭品,但山川之神难道会舍弃它吗?"

【辩证解读】

◎一个人只要表现突出、才能出众就会得到重用。

● 如果许多耕牛都能产下适合于祭祀山川的牛犊,而只能选一头来用作祭品,其他的牛长得再好也只能是做耕牛了。

6.6 子曰:"回也,其心三月不违仁,其余则日月①至焉而已矣。"

【注释】

① 日月:短时间。

【译文】

孔子说:"颜回这个人,他的心可以在长时间内不离开仁德,其余的学生则只能在短时间内做到仁而已。"

【辩证解读】

◎颜回时刻按照仁的标准严格要求自己,很少说错话,做错事。其他学生就很难做到了。

●颜回大部分时间都是埋头学习,很少说话,也很少做具体的事情,犯的错误当然会比别人少。

6.7 季康子问:"仲由可使从政也与?"子曰:"由也果,于从政乎何有?"曰:"赐也可使从政也与?"曰:"财也达,于从政乎何有?"曰:"求也可使从政也与?"曰:"求也艺,于从政乎何有?"

【译文】

季康子问孔子:"仲由这个人,可以让他管理国家政事吗?"孔子说:"仲由做事果断,对于管理国家政事有什么困难呢?"季康子又问:"端木赐这个人,可以让他管理国家政事吗?"孔子说:"端木赐通达事理,对于管理政事有什么困难呢?"季康子又问:"冉求这个人,可以让他管理国家政事吗?"孔子说:"冉求有才能,对于管理国家政事有什么困难呢?"

【辩证解读】

◎仲由、端木赐和冉求都是孔子的学生,他们在从事国务活动和行政事务方面,都各有其特长。孔子所培养的人才,就是要能够辅佐君主或大臣从事政治活动。

●孔子极力推荐自己的学生去做官,只说他们的优点和特长,对他们的缺点只字不提。

6.8 季氏使闵子骞为费^①宰，闵子骞曰："善为我辞焉！如有复我者，则吾必在汶^②上矣。"

【注释】

① 费：bì，地名，今山东费县。

② 汶：wèn，山东大汶河。

【译文】

季氏派人请闵子骞去做费邑的长官，闵子骞（对来请他的人）说："请你好好替我推辞吧！如果再来召我，那我一定跑到汶水那边去了。"

【辩证解读】

◎闵子骞不屑为季氏这样的不仁德之人服务，他恳求不要再来找他。如果再来烦扰，他就去汶上（齐国）了。

● 闵子骞完全可用身体不好等理由委婉拒绝季氏之请，没必要用去齐国这样的话来威胁对方。

6.9 伯牛有疾，子问之，自牖^①执其手，曰："亡之，命矣夫，斯人^②也而有斯疾也！斯人也而有斯疾也！"

【注释】

① 牖：yǒu，窗户。

② 斯人：这类人。

【译文】

伯牛病了，孔子前去探望他，从窗户外面握着他的手说："丧失了这个人，这是命里注定的吧，这样的人竟会得这样的病啊！这样的人竟会得这样的病啊！"

【辩证解读】

◎孔子因为伯牛生病而悲痛万分，他实在想不通伯牛这样的仁人君子为什么会得病并会死去。

● 孔子因伯牛生病内心悲痛可以理解，但他当着病人的面大发悲声似乎有点儿不妥。

6.10 子曰："贤哉回也，一箪①食，一瓢饮，在陋巷，人不堪其忧，回也不改其乐。贤哉，回也。"

【注释】

① 箪：dān，古代盛饭的器具。

【译文】

孔子说："颜回的品质是多么高尚啊！一箪饭，一瓢水，住在简陋的小屋里，别人都忍受不了这种穷困清苦，颜回却没有改变他好学的乐趣。颜回的品质是多么高尚啊！"

【辩证解读】

◎ 颜回拥有一般人所没有的精神层面的享受，物质生活的贫乏丝毫不会减少他求学的快乐。

● 颜回自己陶醉于精神层面的享受，不顾家中妻儿老小的生活。

6.11 冉求曰："非不说①子之道，力不足也。"子曰："力不足者，中道而废。今女画②。"

【注释】

① 说：yuè，通"悦"，喜欢。

② 画：停止。

【译文】

冉求说："我不是不喜欢老师您所讲的道，而是我的能力不够。"孔子说："能力不够是学到中途不得不停下来，现在是你自己给自己划了界限不想前进。"

【辩证解读】

◎冉求对于学习孔子所讲授的理论产生了畏难情绪，认为自己的能力不够，感到非常吃力。但孔子认为，冉求并非能力的问题，而是他思想上的畏难情绪作怪。

⦿冉求内心对孔子理论的价值有疑问，不太想费力去学习。

6.12 子谓子夏曰："女为君子儒，无为①小人儒。"

【注释】

① 无为：不要做。

【译文】

孔子对子夏说："你要做君子儒，不要做小人儒。"

【辩证解读】

◎孔子要他的学生做具有高尚品德的知识分子（儒者）。

⦿ 如何界定君子儒和小人儒是个大命题。张居正、司马光等都对君子儒给出过界定标准，但真正的君子儒并不多见，相当一部分读书人是把自己装作成君子儒。

6.13 子游为武城宰。子曰："女得人①焉尔乎？"曰："有澹台灭明②者，行不由径，非公事，未尝至于偃③之室也。"

【注释】

① 人：此处指"人才"。

② 澹台灭明：人名，孔子弟子。

③ 偃：子游的名。

【译文】

子游做了武城的长官。孔子说："你在那里得到了人才没有？"子游回答说："有一个叫澹台灭明的人，从来不走邪路，没有公事从不到我屋子里来。"

【辩证解读】

◎孔子认为执政最重要的是要有人才，子游的回答很符合孔子的人才观。

●孔子想给子游举荐人才，子游间接地拒绝了，子游的意思是您所说的人才我已经有了。

6.14 子曰："孟之反①不伐，奔而殿②，将入门，策其马，曰：'非敢后也，马不进也。'"

【注释】

① 孟之反：鲁国大夫。

② 殿：殿后，走在最后。

【译文】

孔子说："孟之反不喜欢夸耀自己，败退的时候，他留在最后掩护全军，快进城门的时候，他鞭打着自己的马说：'不是我敢于殿后，是马跑得不快。'"

【辩证解读】

◎孔子十分赞赏孟子反这种谦虚而不居功自傲的精神。

●孔子所赞赏的孟子反不说实话，过于谦卑其实是一种虚伪的表现。

6.15 子曰："不有祝鮀①之佞，而有宋朝②之美，难乎免于今之世矣。"

【注释】

① 祝鮀：卫国大夫，字子鱼，以善于辞令著称。

② 宋朝：宋国的公子朝。《左传》记载其因美貌而生乱。

【译文】

孔子说:"如果没有祝鲍那样的口才,也没有宋朝那样的美貌,那在今天的社会上处世立足就比较艰难了。"

【辩证解读】

◎孔子对他所处的那个时代深恶痛绝,因为小人得势,好人不得志。

◉任何一个时代都不可能一无是处,全部是坏人得势。

6.16 子曰:"谁能出不由户,何莫由斯道也?"

【译文】

孔子说:"谁能不经过屋门而走出去呢,为什么没有人走(我所指出的)这条道路呢?"

【辩证解读】

◎孔子此处用的是比喻,他所倡导的仁治礼制是人间正道,然而当时却没有多少人愿意走。

◉人的天性就是趋利避害,就易拒难。孔子提倡的仁治礼制确实太难实行了。

6.17 子曰:"质胜文则野,文胜质则史。文质彬彬,然后君子。"

【译文】

孔子说:"质朴多于文采,就像个乡下人,流于粗俗,文采多于质朴,就流于虚伪、浮夸。只有质朴和文采配合恰当,才是个君子。"

【辩证解读】

◎质朴与文采同等重要,二者互为依存,融于一体。

◉何谓质?何谓文?各自究竟应该是多少,如何衡量?

6.18 子曰:"人之生也直,罔之生也幸而免。"

【译文】

孔子说:"一个人的生存是由于正直,而不正直的人也能生存,那只是他侥幸地避免了灾祸。"

【辩证解读】

◎一个人生存的根本是正直、走正道,那些不正直、不走正道的人虽然也能存活于世,但只是侥幸而已。

●世道的好坏,取决于社会的制度,特别是法制是否完备,通常情况下制度决定着人们的生存方式。

6.19 子曰:"知之者不如好之者,好之者不如乐之者。"

【译文】

孔子说:"懂得它的人,不如爱好它的人,爱好它的人,又不如以它为乐的人。"

【辩证解读】

◎兴趣是最好的老师。

●学习有乐也有苦,钻研一门学问光有兴趣是不够的,还得有吃苦精神。

6.20 子曰:"中人①以上,可以语上②也;中人以下,不可以语上也。"

【注释】

① 中人:中等才智。
② 语上:讲授高深学问。

【译文】

孔子说:"具有中等以上才智的人,可以给他讲授高深的学问;

在中等水平以下的人，不可以给他讲授高深的学问。"

【辩证解读】

◎人的智力从出生起就有聪明和愚笨的差别，即上智、下愚与中人。说话要看对象，授课需因材施教。

● 高深的道理也可以以通俗易懂、深入浅出的方式让下愚，即普通人听明白。

6.21 樊迟问知，子曰："务民之义，敬鬼神而远①之，可谓知矣。"问仁，曰："仁者先难而后获，可谓仁矣。"

【注释】

① 远：yuàn，疏远。

【译文】

樊迟问孔子怎样才算是智，孔子说："专心致力于（提倡）老百姓应该遵从的道德，尊敬鬼神但要远离它，就可以说是智了。"樊迟又问怎样才是仁，孔子说："仁人对难做的事，做在人前面，有收获的结果，他得在人后，这可以说是仁了。"

【辩证解读】

◎怎样做有智慧的人呢？孔子认为应该教育老百姓遵从大义，尊敬鬼神，但不要什么事情都和鬼神联系到一起。怎么才算仁人呢？仁人就是吃苦在前，享受在后。

● 敬鬼神就是相信鬼神存在，想要求得鬼神的帮助本身就是一种亲近之举。

6.22 子曰："知者乐①水，仁者乐山；知者动，仁者静；知者乐，仁者寿。"

【注释】

① 乐：lè，以……为乐。

【译文】

孔子说："聪明人喜爱水，有仁德者喜爱山；聪明人好动，有仁德者沉静；聪明人快乐，有仁德者长寿。"

【辩证解读】

◎知者和仁者都是高雅之士，他们不会做可能伤害到自己利益的傻事，他们有自己的爱好，也就有一般人所没有的快乐和好结果。

●知者大多心事繁杂，仁者也会有很多烦恼，好人并不都是长寿。

6.23 子曰："齐一变，至于①鲁；鲁一变，至于道。"

【注释】

① 至于：可以达到。

【译文】

孔子说："齐国一改变，可以达到鲁国这个样子；鲁国一改变，就可以达到先王之道了。"

【辩证解读】

◎齐国改变就达到了鲁国的样子，而鲁国再一改变，就达到了先王之道。孔子还是觉得鲁国更接近于一个礼制的国家。

●实际上齐国当时比其他诸侯国都富有，比鲁国繁荣很多，把齐国变成鲁国对齐国百姓未必是好事。

6.24 子曰："觚①不觚，觚哉！觚哉！"

【注释】

① 觚：gū，古代盛酒的器皿。

【译文】

孔子说:"觚不像个觚了,这也算是觚吗?这也算是觚吗?"

【辩证解读】

◎孔子慨叹什么都不是原来的样子了,人心不古,礼乐崩坏。

◉时代更替,社会进步,一切变化都是合理的。

6.25 宰我问曰:"仁者,虽告之曰'井有仁焉',其从之也?"子曰:"何为其然也?君子可逝也,不可陷也;可欺也,不可罔也。"

【译文】

宰我问道:"对于有仁德的人,别人告诉他'井里掉下去一位仁人了',他会跟着下去吗?"孔子说:"为什么要这样做呢?君子可以到井边去救,却不可以陷入井中;君子可能被欺骗,但不可能被迷惑。"

【辩证解读】

◎仁德之人不能愚仁,而是应该非常理性,非常聪明,不会让自己陷于危险之中。

◉想要救井下之人必须得有人下井,仁德之人只在井边而让他人下去是非常不君子的做法。

6.26 子曰:"君子博学于文,约之以礼,亦可以弗畔①矣夫。"

【注释】

①畔:通"叛"。

【译文】

孔子说:"君子广泛地学习古代的文化典籍,又以礼来约束自己,也就可以不离经叛道了。"

【辩证解读】

◎君子博闻广记,刻苦学习,但必须用礼自我约束,这样就不至于离经叛道,误入歧途。

●君子用礼约束自己不至于离经叛道,但也无法改革创新。

6.27 子见南子①,子路不说。夫子矢之曰:"予所否者②,无厌之!天厌之!"

【注释】

① 南子:卫灵公夫人,作风不正派。

② 予所否者:城市化的誓词,有所省略。

【译文】

孔子去见南子,子路不高兴。孔子发誓说:"如果我做什么不正当的事,让上天谴责我吧!让上天谴责我吧!"

【辩证解读】

◎孔子去见南子是不得已而为之,并没有做违礼之事。

●南子名声不好,可孔子还去见,这本身就已经违礼了。

6.28 子曰:"中庸①之为德也,其至矣乎!民鲜②久矣。"

【注释】

① 中庸:孔子的最高道德标准。

② 鲜:缺少(道德)。

【译文】

孔子说:"中庸作为一种道德,该是最高的了吧!人们缺少这种道德已经很久了。"

【辩证解读】

◎中庸是一种美德,是一种至高无上的品德,但做到的人很少。

● 中庸既然是一种美德、一种高尚的品德，就不必要求太多的人，特别是普通老百姓具有这样的品德。

6.29 子贡曰："如有博施于民而能济众，何如？可谓仁乎？"子曰："何事于仁？必也圣乎！尧舜其犹病诸。夫①仁者，己欲立而立人，己欲达而达人。能近取譬，可谓仁之方也已。"

【注释】

① 夫：fú，那个。

【译文】

子贡说："假若有一个人，他能给老百姓很多好处又能周济大众，怎么样？可以算是仁人了吗？"孔子说："岂止是仁人？简直是圣人了！就连尧、舜尚且难以做到呢。至于仁人，就是要想自己站得住，也要帮助人家一起站得住，要想自己过得好，也要帮助人家一起过得好。凡事能就近与自己相比，而推己及人，可以说就是实行仁的方法了。"

【辩证解读】

◎ "己欲立而立人，己欲达而达人"是实行"仁"的重要原则。"推己及人"就做到了"仁"。

● 每个人的出身、社会地位及所处环境都不一样，按照自己的情况和感受来推断别人经常会出差错。

述而篇第七

7.1 子曰:"述而不作①,信而好古,窃比于我老彭②。"

【注释】

① 作:创作。

② 老彭:人名,应该是孔子的朋友。

【译文】

孔子说:"只阐述而不创作,相信而且喜好古代的东西,我私下把自己比作老彭。"

【辩证解读】

◎孔子遵循周礼,坚持原汁原味地阐述传授周礼,对古代圣贤的话坚信不疑。

● 完全遵从"述而不作"的原则,那么古代的东西只能陈陈相因,不再会有思想的创新和发展。喜好古代的东西没有错,但也不能拒绝和排斥新事物。

7.2 子曰:"默而识①之,学而不厌,诲人不倦,何有于我哉?"

【注释】

① 识:zhì,记住。

【译文】

孔子说:"默默地记住(所学的知识),学习不觉得厌烦,教人不知道疲倦,这对我能有什么困难呢?"

【辩证解读】

◎孔子是一个伟大的导师,他确实是万世师表。

● 学而不厌没有问题,但诲人不倦有时候效果不一定好。教育人要把握时机,讲究方法,过度教育有时候会适得其反。

7.3 子曰:"德之不修,学之不讲,闻义不能徙^①,不善不能改,是吾忧也。"

【注释】

① 徙:追求。

【译文】

孔子说:"(许多人)对品德不去修养,学问不去讲求,听到义不能去做,有了不善的事不能改正,这些都是我所忧虑的事情。"

【辩证解读】

◎孔子最关注的是品德修养,对学问的追求,正义感以及改正错误的能力。

● 孔子所关注的是人的高层次的需求和能力,对大多数的普通人来说,基本的需求和能力更为重要。此外,对普通人而言,法律和社会的约束力量远比自我修正错误的能力重要。

7.4 子之燕^①居,申申^②如也,夭夭^③如也。

【注释】

① 燕:休闲。

② 申申:整齐而静穆。

③ 夭夭:和乐舒展。

【译文】

孔子闲居在家里的时候,仪态温和舒畅,悠闲自在。

【辩证解读】

◎孔子是一个快乐闲适的人。

●孔子呈现给外界的总是一副忧国忧民的形象,其实他也很累,回到家就会自然放松,说明孔子并不是每时每刻都在为自己的政治理想而鼓和呼。

7.5 子曰:"甚矣吾衰也!久矣吾不复梦见周公。"

【译文】

孔子说:"我衰老得很厉害了,我好久没有梦见周公了。"

【辩证解读】

◎孔子对周公非常崇敬和思念。

●孔子不是因为年老而梦不见周公了,而是对恢复周礼的信心不足了。

7.6 子曰:"志于道,据于德,依于仁,游于艺。"

【译文】

孔子说:"以道为志向,以德为根据,以仁为凭借,活动于(礼、乐等)六艺的范围之中。"

【辩证解读】

◎孔子培养学生,就是要学生立志走正道,以德为本,以仁为要,以六艺为基本能力,使学生能够得到全面均衡的发展。

●教育思想必须与时俱进,学生需要学习的内容也应该随着时代的发展而不断调整和变化。

7.7 子曰:"自行束脩①以上,吾未尝无诲焉。"

【注释】

① 束脩（xiū）：束，十条；脩，干肉。

【译文】

孔子说："只要自愿拿着至少十条干肉为礼来见我的人，我从来没有不给他教诲的。"

【辩证解读】

◎孔子办学不以营利为目的。

◉孔子只规定了最低学费，是上不封顶。

7.8 子曰："不愤①不启，不悱②不发。举一隅不以三隅反，则不复也。"

【注释】

① 愤：想弄明白而不得。

② 悱：fěi，想要表达而不得。

【译文】

孔子说："教导学生，不到他想弄明白而不得的时候，不去开导他，不到他想出来却说不出来的时候，不去启发他。教给他一个方面的东西，他却不能由此而推知其他三个方面的东西，那就不再教他了。"

【辩证解读】

◎孔子的教学策略是把握恰当的教学时机，用启发诱导的方式让学生能够举一反三。

◉教学的方法和策略应该是多种多样的，要根据学生的具体情况及教学环境不断调整。启发式很有效，但灌输式有时候也是需要的。

7.9 子食于有丧者之侧，未尝饱也。子于是日①哭，则不歌。

【注释】

① 是日：这一天。

【译文】

孔子在有丧事的人旁边吃饭，不曾吃饱过。孔子在这一天为吊丧而哭泣，就不再唱歌。

【辩证解读】

◎孔子是一个知礼而富有同情心的人。

● 只要有丧事，孔子就表现出同情心，不吃饱，不唱歌。那么，万一死去的人是坏人呢，也值得同情吗？

7.10 子谓颜渊曰："用之则行，舍之①则藏，惟我与尔有是夫！"子路曰："子行三军，则谁与？"子曰："暴虎冯河②，死而无悔者，吾不与也。必也临事而惧。好谋而成者也。"

【注释】

① 舍之：不用。

② 冯（píng）河：徒步涉水过河。

【译文】

孔子对颜渊说："用我呢，我就去干，不用我，我就隐藏起来，只有我和你才能做到这样吧！"子路问孔子说："老师您如果统帅三军，那么您和谁在一起共事呢？"孔子说："赤手空拳和老虎搏斗，徒步涉水过河，死了都不会后悔的人，我是不会和他在一起共事的。我要找的，一定是遇事小心谨慎，善于谋划而能完成任务的人。"

【辩证解读】

◎孔子不犯上，不自争，随遇而安。孔子不喜欢和有勇无谋的人共事。

● 孔子在政治追求方面比较消极，保命自安的思想比较严重。

7.11 子曰:"富而可求也,虽执鞭之士,吾亦为之。如不可求,从吾所好。"

【译文】

孔子说:"如果财富可以去追求,虽然是给人执鞭的下等差事,我也愿意去做。如果富贵不合于道就不必去追求,那就还是按我的爱好去做事。"

【辩证解读】

◎每个人都可以追求财富,但不可以通过不正当的方式强取。追求不到财富那就按照自己的爱好去做事情。

●普通人必须努力追求物质财富以养家糊口,他们是不可能完全按照自己的喜好做事情的。

7.12 子之所慎:齐、战、疾。

【译文】

孔子所谨慎小心对待的是斋戒、战争和疾病这三件事。

【辩证解读】

◎孔子将斋戒看得与事关国家存亡和人民生死的战争和疾病同等重要。

●我们最应该恐惧的还是战争和疾病,斋戒有点儿差错也不要紧。

7.13 子在齐闻《韶》,三月不知肉味,曰:"不图为乐之至于斯也。"

【译文】

孔子在齐国听到了《韶》乐,有很长时间尝不出肉的滋味,他说:"想不到《韶》乐的美达到了这样迷人的地步。"

【辩证解读】

◎《韶》乐非常美，孔子是一个懂音乐、爱音乐的人。

⦿"三月不知肉味"有点儿夸张了，若一个人过于沉溺于美好的事物，会丧失进取心，追求享受，改变初心。

7.14 冉有曰："夫子为①卫君乎？"子贡曰："诺，吾将问之。"入，曰："伯夷、叔齐何人也？"曰："古之贤人也。"曰："怨乎？"曰："求仁而得仁，又何怨。"出，曰："夫子不为也。"

【注释】

① 为：帮助。

【译文】

冉有（问子贡）说："老师会帮助卫国的国君吗？"子贡说："嗯，我去问他。"于是就进去问孔子："伯夷、叔齐是什么样的人呢？"（孔子）说："古代的贤人。"（子贡又）问："他们有怨恨吗？"（孔子）说："他们求仁而得到了仁，为什么有怨恨呢？"（子贡）出来（对冉有）说："老师不会帮助卫君。"

【辩证解读】

◎卫国国君辄即位后，其父与其争夺王位，这件事恰好与伯夷、叔齐两兄弟互相让位形成鲜明对照。这里，孔子赞扬伯夷、叔齐，而认为卫出公父子相争违反礼制。

⦿权利斗争在许多情况下是不讲亲情的，更别说礼了。

7.15 子曰："饭疏食①饮水，曲肱②而枕③之，乐亦在其中矣。不义而富且贵，于我如浮云。"

【注释】

① 疏食：粗粮。

② 肱：gōng，胳膊。

③ 枕：zhèn，动词。

【译文】

孔子说："吃粗粮，喝白水，弯着胳膊当枕头，乐趣也就在这中间了。用不正当的手段得来的富贵，对于我来讲就像是天上的浮云一样。"

【辩证解读】

◎有理想、有志向的君子，不会总是为自己的吃穿住而奔波的，吃苦受罪也乐在其中。不符合于道的富贵荣华他们是坚决不予接受的，对待这些东西，如天上的浮云一般。

●有理想、有志向的君子也首先应该自食其力，并且能够养家糊口，尽到为家庭和社会应尽的责任和义务。

7.16 子曰："加我数年，五十以学《易》，可以无大过矣。"

【译文】

孔子说："再给我几年时间，到五十岁学习《易》，我便可以没有大的过错了。"

【辩证解读】

◎《易》不容易学，年纪太小的人学不懂，五十而知天命，也就可以学了。

●孔子那个时代能够活到五十岁的人并不是很多，五十岁才可以学《易》，事实上很多人没机会学了。

7.17 子所雅言①，《诗》、《书》、执礼，皆雅言也。

【注释】

① 雅言：春秋时期较为通行的语言。

【译文】

孔子有时讲雅言，读《诗》、念《书》、赞礼时，用的都是雅言。

【辩证解读】

◎孔子平时谈话时用鲁国的方言，但在诵读《诗》《书》和赞礼时，则以当时的普通话为准。

●不会雅言的人也可以诵读《诗》《书》和赞礼，当然，如孔子般能够用雅言更好。

7.18 叶①公问孔子于子路，子路不对。子曰："女奚不曰，其为人也，发愤忘食，乐以忘忧，不知老之将至云尔。"

【注释】

① 叶：shè，姓。

【译文】

叶公向子路问孔子是个什么样的人，子路不答。孔子（对子路）说："你为什么不这样说，他这个人，发愤用功，连吃饭都忘了，快乐得把一切忧虑都忘了，连自己快要老了都不知道，如此而已。"

【辩证解读】

◎孔子敢于并乐于在他人面前自我标榜的就是他的好学精神，以及他通过学习所获得的超级快乐。

●孔子评价他人的时候一般是以德为先，自我评价时却回避了仁德的问题。

7.19 子曰："我非生而知之者，好古，敏以求之者也。"

【译文】

孔子说:"我不是生来就有知识的人,而是爱好古代的东西,勤奋敏捷地去求得知识的人。"

【辩证解读】

◎孔子否认自己是生而知之。他之所以成为学识渊博的人,在于他爱好古代的典章制度和文献图书,而且勤奋刻苦,思维敏捷。他实际上是以此鼓励学生刻苦用功。

◉求学时刻苦用功是对的,若孔子的学生都学他只从古书中学习,知识的汲取就非常片面了。

7.20 子不语①怪、力、乱、神。

【注释】

① 语:谈论。

【译文】

孔子不谈论怪异、暴力、变乱、鬼神。

【辩证解读】

◎孔子不谈论怪异、暴力、变乱、鬼神,他不愿意与人们讨论自己不明白且与仁礼等相悖的事情。

◉孔子其实也说过有关鬼神的话题,如"祭神如神在"等。

7.21 子曰:"三人行,必有我师焉。择其善者而从之,其不善者而改之。"

【译文】

孔子说:"三个人一起走路,其中必定有人可以作为我的老师。我选择他善的品德向他学习,看到他不善的地方就作为借鉴,改掉自己的缺点。"

【辩证解读】

◎任何人都有值得学习的地方,我们可以向品德高尚的人学习,即使坏人我们也可以将其作为参照警醒自我。

● 这是孔子过谦的表现。万一同行之人特别普通,没有明显的优点和缺点,难道还要吹毛求疵,硬要找出优点去学习,找出缺点去警醒?

7.22 子曰:"天生德于予,桓魋①其如予何?"

【注释】

① 桓魋(kuí):宋桓公后代。

【译文】

孔子说:"上天把德赋予了我,桓魋能把我怎么样?"

【辩证解读】

◎孔子认为自己是有仁德的人,是上天把仁德赋予了他,所以桓魋奈何不了他,害不了他。

● 孔子是相信天命、相信神的,当然他也是给自己和学生们壮胆打气。

7.23 子曰:"二三子以我为隐乎?吾无隐乎尔。吾无行而不与二三子者,是丘也。"

【译文】

孔子说:"学生们,你们以为我对你们有什么隐瞒的吗?我是丝毫没有隐瞒的。我没有什么事不是和你们一起干的,我孔丘就是这样的人。"

【辩证解读】

◎孔子是一个襟怀坦白的人。

● 这是孔子的自我表白,肯定是学生或社会各界对他有所怀疑。

7.24 子以四教：文、行、忠、信。

【译文】

孔子以文、行、忠、信四项内容教授学生。

【辩证解读】

◎孔子的教学内容主要包括四个方面，即书本知识、周游列国、忠诚老实、诚实守信。

⦿孔子教学的主要内容是如何当官，做人上人。

7.25 子曰："圣人吾不得而见之矣！得见君子者，斯可矣。"子曰："善人吾不得而见之矣！得见有恒者，斯可矣。亡而为有，虚而为盈①，约而为泰②，难乎有恒矣。"

【注释】

① 盈：充实。

② 泰：富足。

【译文】

孔子说："圣人我是不可能看到了！能看到君子，这就可以了。"孔子又说："善人我不可能看到了！能见到始终如一（保持好的品德）的人，这也就可以了。没有却装作有，空虚却装作充实，穷困却装作富足，这样的人是难于有恒心（保持好的品德）的。"

【辩证解读】

◎孔子难以找到他观念中的"圣人""善人"，而那些"虚而为盈，约而为泰"的人却随处可见，在这样的情况下，能看到"君子""有恒者"，也就心满意足了。

⦿孔子以古时"圣人""善人"的标准要求后来人，他当然看不到复制的"圣人"与"善人"。

7.26 子钓而不纲①，弋不射宿②。

【注释】

① 纲：有许多鱼钩的大绳。

② 宿：歇息的鸟。

【译文】

孔子只用（有一个鱼钩）的钓竿钓鱼，而不用（有许多鱼钩的）大绳钓鱼，只射飞鸟，而不射巢中歇宿的鸟。

【辩证解读】

◎孔子是一个仁德之人，对动物尚且富有同情心，何况对人呢？

● 其实，只用有一个鱼钩的钓竿钓鱼和用网捕鱼，只用箭射飞行中的鸟与射巢中之鸟从实质上并无区别。孔子的这种做法，只不过是表白他自己的仁德之心罢了。

7.27 子曰："盖有不知而作之者，我无是也。多闻，择其善者而从之；多见而识之，知之次也①。"

【注释】

① 知之次也：仅次于"生而知之"。

【译文】

孔子说："有这样一种人，可能他什么都不懂却在那里凭空创造，我却没有这样做过。多听，选择其中好的来学习；多看，然后记在心里，这是次一等的智慧。"

【辩证解读】

◎孔子认为对自己所不知的东西，应该多闻、多见，努力学习，反对那种本来什么都不懂，却在那里凭空创造的做法。

● 多闻多见只能获得已有的知识，但无法创造新的知识。

7.28 互乡①难与言，童子见，门人惑。子曰："与②其进也，不与其退也，唯何甚？人洁己以进，与其洁也，不保其往也。"

【注释】

① 互乡：地名。

② 与：yù，赞同。

【译文】

互乡那个地方的人不好说话，但互乡的一个童子却受到了孔子的接见，学生们都感到迷惑不解。孔子说："我是肯定他的进步，不是肯定他的倒退，何必做得太过分呢？人家改正了错误以求进步，我们肯定他改正错误，不要死抓住他的过去不放。"

【辩证解读】

◎孔子不一棍子打死所有的人，也不依据过往的表现来对待人，任何人只要有进步就应该肯定。

◉ 互乡的人瞧不上孔子，不接受他的说教，一童子主动登门，说明互乡人态度可能有所改变，孔子当然要接见了。

7.29 子曰："仁远乎哉？我欲仁，斯仁至矣。"

【译文】

孔子说："仁难道离我们很远吗？只要我想达到仁，仁就来了。"

【辩证解读】

◎只要内心向仁就会成为仁德之人。

◉ 孔子有那么多优秀的学生，他都不敢肯定他们已经成了仁德之人，他们对仁肯定是非常向往的。

7.30 陈司败问："昭公知礼乎？"孔子曰："知礼。"孔子退，揖巫马期①而进之，曰："吾闻君子不党，君子亦党乎？君取②于吴，为同姓，谓之吴孟子。君而知礼，孰不知礼？"巫马期以告。子曰："丘也幸，苟有过，人必知之。"

【注释】

① 巫马期：孔子的弟子，比孔子小30岁。

② 取：通"娶"。

【译文】

陈司败问："鲁昭公懂得礼吗？"孔子说："懂得礼。"孔子出来后，陈司败向巫马期作了个揖，请他走近自己，对他说："我听说，君子是没有偏私的，难道君子还包庇别人吗？鲁君在吴国娶了一个同姓的女子作为夫人，因是国君的同姓，便称她为吴孟子。如果鲁君算是知礼，还有谁不知礼呢？"巫马期把这句话告诉了孔子。孔子说："我真是幸运，如果有错，人家一定会知道。"

【辩证解读】

◎孔子作为臣下非常尊崇鲁君，他认为鲁君是知礼之人，当别人指出他的失误之后，他愉快地承认了自己的错误。

● 鲁君娶同姓女子为夫人乃失礼之举，孔子却视而不见，仍然认为鲁君是知礼之人，实际上是为鲁昭公袒护，即"为尊者讳"。他后来也不是承认错误，而是明知故犯，自嘲而已。

7.31 子与人歌而善①，必使反之②，而后和之。

【注释】

① 善：形容歌唱得好。

② 反之：再唱一遍。

【译文】

孔子与别人一起唱歌，如果唱得好，一定要请他再唱一遍，然后和他一起唱。

【辩证解读】

◎孔子态度和蔼友好,是一个善于欣赏别人优点和长处的人。

●孔子喜好唱歌,碰到唱歌好的人就一起唱歌。

7.32 子曰:"文,莫①吾犹人也。躬行君子,则吾未之有得。"

【注释】

① 莫:大约。

【译文】

孔子说:"就文献知识来说,大约我和别人差不多。做一个身体力行的君子,那我还没有做到。"

【辩证解读】

◎孔子认为自己对文献知识的把握还可以,行动和实践能否够得上君子就不敢说了。他实际上是想说明"知易行难"的道理。

●孔子明白许多时候都是说起来容易做起来难,他在为自己行为上的欠缺和生活中的失误找借口。

7.33 子曰:"若圣与仁,则吾岂敢?抑为之不厌,诲人不倦,则可谓云尔已矣。"公西华曰:"正唯弟子不能学也。"

【译文】

孔子说:"如果说到圣与仁,那我怎么敢当?我只是(向圣与仁的方向)努力地做而不感厌烦,教诲别人也从不感觉疲倦,仅可以这样说罢了。"公西华说:"这正是我们学不到的。"

【辩证解读】

◎孔子非常谦虚,他从不敢认为自己已经达到了"仁"与"圣"的境界,他唯一可以自豪的是好学与"诲人不倦"。

● "仁"与"圣"本来就是对古代贤者的一种臆想和追思，现实中是很难碰到仁人与圣人的。

7.34 子疾病，子路请祷。子曰："有诸？"子路对曰："有之。《诔》^①曰：'祷尔于上下神祇^②。'"子曰："丘之祷久矣。"

【注释】

①《诔》：lěi，为生者所作的祈祷文。

② 祇：qí，地神。

【译文】

孔子病情严重，子路向鬼神祈祷。孔子说："有这回事吗？"子路说："有的。《诔》文上说：'为你向天地神灵祈祷。'"孔子说："我已经祈祷很久了。"

【辩证解读】

◎孔子患了重病，子路为他祈祷，他说自己也已经向鬼神祈祷很久了（不一定真的祈祷过，只是为了安慰子路），但病情却未见好转，表明他不信鬼神的态度。

● 孔子患了重病，子路为他祈祷，孔子对此举并不加以反对，而且说自己已经祈祷很久了。孔子本人也向鬼神祈祷，说明他情急之下也相信天地神灵。

7.35 子曰："奢则不孙^①，俭则固^②。与其不孙也，宁固。"

【注释】

① 孙：通"逊"。

② 固：寒酸。

【译文】

孔子说："奢侈了就会越礼，节俭了就会寒酸。与其越礼，宁可寒酸。"

【辩证解读】

◎在孔子所处时代，各诸侯、大夫等都极为奢侈豪华，他们的生活享乐标准和礼仪规模都与周天子没有区别，这在孔子看来，都是越礼、违礼的行为。尽管节俭会让人感到寒酸，但与其越礼，则宁可寒酸，以维护礼的尊严。

● 奢侈与越礼之间不一定有直接的关联，节俭是美德，但寒酸应该尽量避免。

7.36 子曰："君子坦荡荡，小人长戚戚。"

【译文】

孔子说："君子心胸宽广，小人经常忧愁。"

【辩证解读】

◎君子坦诚而胸怀宽广，不隐瞒自己的立场和观点，而小人则心胸狭窄，经常怨天尤人。

● 孔子所讲只是一种整体印象，君子也不可能任何时候都不生气、不忧愁。

7.37 子温而厉，威而不猛，恭而安。

【译文】

孔子温和而又严厉，威严而不凶猛，庄重而又安详。

【辩证解读】

◎这是孔子的学生对他的赞扬。孔子所有的情感表现都合乎"中和"平衡的原则。"厉""猛"等都有些"过"，而"不及"同样是不可取的。

● 君子也应该有真实情感表露的时候，该高兴的时候高兴，该生气的时候生气。

泰伯篇第八

8.1 子曰:"泰伯,其可谓至德也已矣。三①以天下让,民无得②而称焉。"

【注释】

① 三:多次。

② 得:合适的词语。

【译文】

孔子说:"泰伯可以说是品德最高尚的人了。几次把王位让给季历,老百姓都找不到合适的词句来称赞他。"

【辩证解读】

◎孔子认为三让天下的泰伯是道德最高尚的人。这种不恋权位,将天下让给贤者、圣者的行为十分可贵,老百姓对他们是无比称赞的。

● 三让天下只是一个传说,即使真有其事也十分少见,权力的传承靠道德是不行的,必须有制度。

8.2 子曰:"恭而无礼则劳,慎而无礼则葸①,勇而无礼则乱,直而无礼则绞②。君子笃于亲,则民兴于仁,故旧不遗,则民不偷③。"

【注释】

① 葸:xǐ,胆怯。

② 绞:尖酸刻薄。

③ 偷:不厚道。

【译文】

孔子说:"只是恭敬而不以礼来指导,就会徒劳无功;只是谨慎而不以礼来指导,就会畏缩拘谨;只是勇猛而不以礼来指导,就会犯上作乱;只是直率而不以礼来指导,就会说话尖刻。在上位的人如果厚待自己的亲属,老百姓当中就会兴起仁的风气,君子如果不遗弃老朋友,老百姓就不会对人冷漠无情了。"

【辩证解读】

◎礼是决定人们态度、情绪、行为方式和道德水准的最重要的因素;身居高位者的为人处世方式决定着整个社会的习惯和风气。

● 礼是一种软性的社会规范,礼的实施主要依靠主观自觉和社会压力,人们在日常生活中常常有选择地执行礼的有关规范,况且孔子所倡导的周礼在当时就已经过时而不为大多数人接受。因此,礼对人们的态度、情绪和行为方式的影响是有限的。身居高位者的为人处世方式决定整个社会的习惯和风气,但普通人也会对上层的人产生影响,影响是相互的。

8.3 曾子有疾,召门弟子曰:"启[1]予足!启予手!《诗》云:'战战兢兢,如临深渊,如履薄冰。'[2]而今而后,吾知免夫,小子!"

【注释】

① 启:视,看。

② 战战兢兢,如临深渊,如履薄冰:这三句诗见于《诗经·小雅·小旻》。

【译文】

曾子有病,把他的学生召集到身边来,说道:"看看我的脚!看看我的手(看看有没有损伤)!《诗经》上说:'小心谨慎呀,好像站在深渊旁边,好像踩在薄冰上面。'从今以后,我知道我的身体是不会再受到损伤了,弟子们!"

【辩证解读】

◎曾子在临死前让他的学生们看看自己的手、脚,对自己的身体完好无损感到非常欣慰,认为自己一生是遵守孝道的。

● 我们用心保护自己的身体是应该的,但没必要上升到道德层面,与孝联系起来,特别是将诸如头发这样的东西也列为不可割舍的范围是十分可笑的。

8.4 曾子有疾,孟敬子问之。曾子言曰:"鸟之将死,其鸣也哀;人之将死,其言也善。君子所贵乎道者三:动容貌,斯远①暴慢矣;正颜色,斯近信矣;出辞气,斯远鄙倍②矣。笾豆之事,则有司存。"

【注释】

① 远:避免。

② 鄙倍:鄙,粗野;倍,通"悖",不合理。

【译文】

曾子有病,孟敬子去看望他。曾子对他说:"鸟快死了,它的叫声是悲哀的;人快死了,他说的话是善意的。君子所应当重视的道有三个方面:使自己的容貌庄重严肃,这样可以避免粗暴、放肆;使自己的脸色一本正经,这样就接近于诚信;使自己说话的言辞和语气谨慎小心,这样就可以避免粗野和无理。至于祭祀和礼节仪式,自有主管这些事务的官吏来负责。"

【辩证解读】

◎曾子与孟敬子在政治立场上是对立的。曾子死到临头还在态度诚恳、言辞恳切地试图改变孟敬子的态度,所以他说:"人之将死,其言也善。"一方面表白他对孟敬子没有恶意,同时也告诉孟敬子,作为君子应当重视的三个方面,即容貌庄重、面部严肃和说话温和谨慎。

● 曾子死到临头还对改变对手不死心,虽然态度诚恳、言辞恳切,但他所提醒对方应该重视的三个方面只不过是让人家装腔作势、故作姿态而已,恐怕孟敬子并不会买账。

8.5 曾子曰:"以能问于不能,以多问于寡,有若无,实若虚;犯而为校①——昔者吾友尝从事于斯矣。"

【注释】

① 校:报复。

【译文】

曾子说:"自己有才能却向没有才能的人请教,自己知识多却向知识少的人请教,有学问却像没学问一样,知识很充实却好像很空虚;被人侵犯却也不计较——从前我的朋友就这样做过了。"

【辩证解读】

◎曾子所倡导的是一种谦虚好学、不耻下问的学习态度,同时也要人们宽以待人。

● 不懂装懂不对,但懂而装不懂也是虚伪的表现。还是"知之为知之,不知为不知"比较好。

8.6 曾子曰:"可以托六尺之孤①,可以寄百里之命,临大节而不可夺也。君子人与?君子人也。"

【注释】

① 六尺之孤:一般指15岁以下的人。

【译文】

曾子说:"可以把年幼的君主托付给他,可以把国家的政权托付给他,面临生死存亡的紧急关头而不动摇屈服。这样的人是君子吗?是君子啊!"

【辩证解读】

◎一个人如果可以受命辅佐幼君,可以执掌国家政权,在生死关头决不动摇,不屈服,就是具有了君子的品格。

● 曾子所讲的是君子的一种,是国家栋梁之材。按照孔子的标准,君子应该在普通人群中也存在,他们不一定担负国家之托,涉生命之险。

8.7 曾子曰:"士不可以不弘毅,任重而道远。仁以为己任,不亦重乎?死而后已,不亦远乎?"

【译文】

曾子说:"士不可以不宏大刚强而有毅力,因为他责任重大,道路遥远。把实现仁作为自己的责任,难道还不重大吗?奋斗终生,死而后已,难道路程还不遥远吗?"

【辩证解读】

◎做一个合格的士是不容易的,他坚强而有毅力,能够为了完成使命,实现仁而奋斗终生,甚至献出自己的生命。

● 为实现理想,完成使命,竭尽全力理所当然,但若为之付出生命,和你的父母妻儿商量好了吗?

8.8 子曰:"兴①于诗,立于礼,成于乐。"

【注释】

① 兴:开始。

【译文】

孔子说:"(人的修养)开始于学《诗经》,自立于学礼,完成于学乐。"

【辩证解读】

◎孔子认为应该从三个方面依次培养学生，即诗、礼、乐。

● 孔子认为应该从三个方面依次培养学生，但为什么是诗、礼、乐这样的层次呢？

8.9 子曰："民可使由之，不可使知之。"
【译文】

孔子说："对于老百姓，可以让他们按照我们的意志去做，不必要使他们懂得为什么要这样做。"

【辩证解读】

◎告诉老百姓做什么、怎么做就可以了，没必要让他们知道为什么要这样做，因为老百姓听不懂太多的道理。当时的普通百姓普遍没有受过教育，讲太多的道理他们听不懂。也有人认为，对此句应做如下解释："民可，使由之；不可，使知之。"即百姓认可，就让他们照着去做；百姓不认可，就给他们说明道理。

● 让老百姓按照吩咐做事情，不能让他们知道为什么要这样做。孔子所倡导的是"愚民"政策。

8.10 子曰："好勇疾贫，乱也。人而不仁，疾之已甚，乱也。"
【译文】

孔子说："喜好勇敢而又恨自己太穷困，就会犯上作乱。对于不仁德的人或事逼迫得太厉害，也会出乱子。"

【辩证解读】

◎好勇斗狠且贫穷的人多了社会就会动乱，对不仁德的人或事批评得太厉害，太急于改变或消除也会出乱子。平和的人是社会稳定的基础。对不合社会规范的人和事也必须以平和的方式处置应对。

● 孔子竟然认为人民勇武与贫穷一样可怕。如果一个民族的主体都是平和而不好勇武,有外族入侵时岂不是要任人宰割。

8.11 子曰:"如有周公之才之美,使骄且吝,其余不足观也已。"

【译文】

孔子说:"(一个在上位的君主)即使有周公那样美好的才能,如果骄傲自大而又吝啬小气,那其他方面也就不值得一看了。"

【辩证解读】

◎骄傲自大与吝啬小气是影响君子品格和气度最重要的因素。

● 有才华、有能力的人常常会骄傲自大,而吝啬小气常常与节俭持家界限不明。

8.12 子曰:"三年学,不至于谷①,不易得也。"

【注释】

① 谷:gǔ,古代以谷米为俸禄,因此,有禄的意思。

【译文】

孔子说:"学了三年,还做不了官的,是不易找到的。"

【辩证解读】

◎孔子认为学习就是为了做官,一般情况下学习三年就可以去做官了。

● 不学肯定做不成官,但学了也未必一定能够做官,况且还有人只是为了学习而学习。

8.13 子曰:"笃信好学,守死善道,危邦不入,乱邦不居。天下有道则见①,无道则隐。邦有道,贫且贱焉,耻也;邦无道,富且贵焉，耻也。"

【注释】

① 见：通"现"。

【译文】

孔子说："坚定信念并努力学习，誓死守卫并完善治国与为人的大道，不进入政局不稳的国家，不居住在动乱的国家。天下有道就出来做官，天下无道就隐居不出。国家有道而自己贫贱，是耻辱；国家无道而自己富贵，也是耻辱。"

【辩证解读】

◎孔子的理念是君子无论如何都要信念坚定，努力学习，永远做仁德之人。从政首先要善于保护自己的安全。国家好自己也要过得好，国家不好的时候也不要同流合污。

⦿孔子所倡导的信念坚定，努力学习，永远做仁德之人是正确的。但"危邦不入，乱邦不居。天下有道则见，无道则隐"则不一定正确，"乱世出英雄"，危难之时正是崭露头角、大显身手的时候。天下无道正需要仁人志士振臂高呼、力挽狂澜，救民于水火。

8.14 子曰："不在其位，不谋其政。"

【译文】

孔子说："不在那个职位上，就不考虑那职位上的事。"

【辩证解读】

◎不在其位而谋其政，则有僭越之嫌，会被人认为是"违礼"之举。"不在其位，不谋其政"即安分守己。

⦿或许在其位的人有能力谋其政，而且也能够谋好政，此说尚且勉强成立，但通常的情况是，国家靠一个人或一小部分人是治理不好的。

8.15 子曰:"师挚之始,《关雎》之乱①,洋洋乎盈耳哉!"

【注释】

① 乱:乐曲的结束。

【译文】

孔子说:"从太师挚演奏的序曲开始,到演奏《关雎》的结尾,丰富而优美的音乐在我耳边回荡。"

【辩证解读】

◎孔子善于欣赏音乐,他认为乐是礼的重要补充。

● 孔子欣赏并推崇雅乐,应该有其政治深意,是为了维护社会和谐稳定推行他的礼乐,他希望整个社会如雅乐一样和谐,而且音乐也使孔子得以乐享人生,沉醉于他的理想社会。

8.16 子曰:"狂而不直,侗而不愿①,悾悾②而不信,吾不知之矣。"

【注释】

① 侗(dòng)而不愿:侗,无知;愿,谨慎。

② 悾悾:kōng,诚恳。

【译文】

孔子说:"狂妄而不正直,无知而不谨慎,表面上诚恳而不守信用,我真不知道有的人为什么会是这个样子。"

【辩证解读】

◎"狂而不直,侗而不愿,悾悾而不信"都不是好的行为表现和道德品质,孔子对此十分反感。这几种品质不符合中庸的基本原则,也不符合儒家一贯倡导的温、良、恭、俭、让和仁、义、礼、智、信的要求。

● 人的性格千差万别,行为表现也各不相同,这正是构成丰富多彩社会的重要因素。要求所有的人都温、良、恭、俭、让不现实,即使真的做到了效果也不一定会好。

8.17 子曰:"学如不及①,犹恐失之。"
【注释】
① 不及:赶不上。
【译文】
孔子说:"学习知识就像追赶不上那样,又会担心丢掉什么。"
【辩证解读】
◎学习需不断努力,一刻也不得松懈。

● 好学值得肯定,但学习若是一味地追求速度,能掌握多少新知识?又担心忘记旧知识,说明旧知识掌握得并不牢。这样的学习效果何在?真正学到脑里、心里了吗?瞻前顾后,不追求学习效果,不是真正的好学者。

8.18 子曰:"巍巍乎,舜禹之有天下也,而不与①焉!"
【注释】
① 与:yù,参与,这里有"享受"之义。
【译文】
孔子说:"多么崇高啊,舜和禹得到天下,不是夺过来的!"
【辩证解读】
◎孔子所处那个时代社会混乱,政局动荡,弑君、篡位者屡见不鲜。孔子赞颂传说时代的舜、禹,表明对古时禅让制的认同。他借称颂舜、禹,抨击现实中的这些问题。

● 国家最高权力的传承需要制度保障,禅让是靠不住的。

8.19 子曰:"大哉尧之为君也!巍巍乎,唯天为大,唯尧则之。荡荡乎,民无能名焉。巍巍乎其有成功也,焕乎其有文章!"

【译文】

孔子说:"真伟大啊,尧这样的君主!多么崇高啊,只有天最高大,只有尧才能效法天的高大。(他的恩德)多么广大啊,百姓们真不知道该用什么语言来表达对他的称赞。他的功绩多么崇高,他制定的礼仪制度多么光辉啊!"

【辩证解读】

◎孔子在这里用极美好的语言称赞尧,尤其对他的礼仪制度大加赞美,表达了他对古代先王的崇敬之情。

●孔子将人们并不十分了解的古代圣贤理想化了。

8.20 舜有臣五人而天下治。武王曰:"予有乱臣十人。"孔子曰:"才难,不其然乎?唐虞之际,于斯为盛,有妇人焉,九人而已。三分天下有其二,以服事殷。周之德,其可谓至德也已矣。"

【译文】

舜有五位贤臣就能治理好天下。周武王也说过:"我有十个帮助我治理国家的臣子。"孔子说:"人才难得,难道不是这样吗?在唐尧和虞舜之际,以及周武王那个时期,人才是最盛了,而武王的十个大臣当中有一个是妇女,实际上只有九个人而已。周文王得了天下的三分之二,仍然侍奉殷朝。周朝的道德,可以说是最高尚的了。"

【辩证解读】

◎孔子认为治理天下必须要有贤臣,而贤臣十分难得。有了贤臣,国家就可以得到治理,天下就可以太平。最重要的是,要像周文王那样有德,不依靠武力赢得人心和天下。

● 治理天下光靠贤臣是不够的，国家治理是一个系统工程。周朝有德，但最终也是通过武力打败殷商，赢得整个天下的。

8.21 子曰："禹，吾无间①然矣。菲②饮食而致孝乎鬼神，恶衣服而致美乎黻③冕④；卑宫室而尽力乎沟洫。禹，吾无间然矣。"

【注释】

① 间：jiàn，间隙，引申为隔阂。

② 菲：简单。

③ 黻：fú，祭祀时穿的衣服。

④ 冕：祭祀时戴的帽子。

【译文】

孔子说："对于禹，我没有什么可以挑剔的了。他的饮食很简单而尽力去孝敬鬼神，他平时穿的衣服很简朴而祭祀时尽量穿的华美；他自己住的宫室很低矮，而致力于修治水利事宜。对于禹，我确实没有什么挑剔的了。"

【辩证解读】

◎孔子对禹大加赞赏，作为最高统治者，禹生活简朴，孝敬鬼神，做到了无可挑剔的地步。孔子实际上是以古喻今，批评当时的统治者拼命追逐权力、地位和财富，而把人民的生活和国家的富强放在了次要的位置。

● 任何时代的统治者都不可能做到无可挑剔。

子罕篇第九

9.1 子罕①言利与②命与③仁。

【注释】

① 罕:很少谈论。

② 与:动词,赞同。

③ 与:连词,和。

【译文】

孔子很少谈到利益,却赞成天命和仁德。

【辩证解读】

◎孔子重视天命和仁德,不屑于谈论利。即使谈"利"的问题,也基本上主张"先义后利""重义轻利"。

● 在物质生活有保障的前提下君子可以"先义后利""重义轻利"。

9.2 达巷①党人曰:"大哉孔子!博学而无所成名。"子闻之,谓门弟子曰:"吾何执②?执御乎?执射乎?吾执御矣。"

【注释】

① 达巷:街道名称。

② 何执:专注于哪方面呢。

【译文】

达巷这个地方有人说:"孔子真伟大啊!他学问渊博,因而不能以某一方面的专长来称赞他。"孔子听说了,对他的学生说:"我要专长于哪个方面呢?驾车呢,还是射箭呢?我还是驾车吧。"

【辩证解读】

◎孔子是一个伟大的人,是一个通才、全才。

● 对于"博学而无所成名"一句还有一种解释,即"学问广博,可惜没有一技之长以成名。"持此说的人认为,孔子表面上伟大,但实际上算不上博学多识,他什么都懂,却什么都不精。

9.3 子曰:"麻冕,礼也;今也纯①,俭②,吾从众。拜下,礼也;今拜乎上,泰也。虽违众,吾从下。"

【注释】

① 纯:黑丝绸。

② 俭:节省。

【译文】

孔子说:"用麻布制成的礼帽,符合于礼的规定;现在大家都用黑丝绸制作,这样比过去节省了,我赞成大家的做法。(臣见国君)首先要在堂下跪拜,这也是符合于礼的;现在大家都到堂上跪拜,这是骄纵的表现。虽然与大家的做法不一样,我还是主张先在堂下跪拜。"

【辩证解读】

◎孔子赞同用比较节省的黑绸帽代替用麻织的帽子这样一种做法,但反对在面见君主时只在堂上跪拜的做法,虽然其他人已经那样做了。

● 周朝早已成为过去,周礼也不必非要坚持,特别是君主和众人已经接受了堂上跪拜,就可约定俗成而无可厚非。

9.4 子绝①四——毋意,毋必,毋固,毋我。

【注释】

① 绝：杜绝。

【译文】

孔子杜绝了四种弊病：没有主观猜疑，没有定要实现的期望，没有固执己见之举，没有自私之心。

【辩证解读】

◎孔子是一个仁德之人，他没有人们常有的四种品格反面的缺陷，他倡导中庸，不走极端。

⦿ 从《论语》中看，孔子还是有主观臆断的时候，他对周礼的坚持也是非常固执的。

9.5 子畏①于匡，曰："文王既没，文不在兹乎？天之将丧斯文也，后死者②不得与③于斯文也；天之未丧斯文也，匡人其如予何？"

【注释】

① 畏：通"围"，包围。

② 后死者：孔子自称。

③ 与：yù，参与。

【译文】

孔子被匡地的人们所围困时，他说："周文王死了以后，周代的礼乐文化不都体现在我的身上了吗？上天如果想要消灭这种文化，那我就不可能掌握这种文化了；上天如果不消灭这种文化，那么匡人又能把我怎么样呢？"

【辩证解读】

◎孔子周游列国时多次被围困，这次是误会。但孔子有自己坚定的信念，他强调周文化得以传承下去是上天的旨意，自己成为周文化的继承者和传播者也是上天的意愿,因此他坚信自己不会有危险。

◉ 孔子被匡地的人们所围困时感到十分恐惧和无助,只能求助于天命。

9.6 太宰问于子贡曰:"夫子圣者与?何其多能也?"子贡曰:"固天纵之将圣,又多能也。"子闻之,曰:"太宰知我乎?吾少也贱,故多能鄙事。君子多乎哉?不多也。"

【译文】

太宰问子贡说:"孔夫子是位圣人吧?为什么这样多才多艺呢?"子贡说:"这本是上天让他成为圣人,而且使他多才多艺。"孔子听到后说:"太宰怎么会了解我呢?我因为少年时地位低贱,所以会许多卑贱的技艺。君子会有这么多的技艺吗?不会有这么多的。"

【辩证解读】

◎子贡认为自己的老师是天才,是上天赋予他多种才艺的。但孔子否认了这一点。他说自己少年低贱,要谋生,就要多掌握一些技艺,而君子实际上是不需要掌握多少技艺的。

◉ 不管什么人,多才多艺总不是一件坏事,君子也需要养家糊口,不能把自己搞得穷困潦倒。

9.7 牢曰:"子云:'吾不试^①,故艺^②。'"

【注释】

① 不试:没有当官。

② 艺:技艺。

【译文】

子牢说:"孔子曾说:'我(年轻时)没有去做官,所以会许多技艺。'"

【辩证解读】

◎孔子年轻时没想着去做官,所以学了许多技艺。

◉学了许多技艺就不能做官吗?

9.8 子曰:"吾有知乎哉?无知也。有鄙夫问于我,空空如也。我叩其两端而竭①焉。"

【注释】

① 竭:全部搞清楚。

【译文】

孔子说:"我有知识吗?其实没有知识。有一个乡下人问我,我对他谈的问题一点儿也不知道。但我从问题的两端去问,这样对此问题就可以全部搞清楚了。"

【辩证解读】

◎孔子是一个谦虚的人,他承认自己知识的不足,但他通过与人交谈就能把问题搞清楚。他用的办法就是从正反两面去求证。

◉孔子不一定是谦虚,他是在向他的弟子介绍学习方法,即如何通过交谈和对话的方式学到知识。

9.9 子曰:"凤鸟①不至,河②不出图,吾已矣夫!"

【注释】

① 凤鸟:古代认为凤凰代表天下太平。

② 河:黄河,代表圣人受命。

【译文】

孔子说:"凤鸟不来了,黄河中也不出现八卦图了,我这一生也就完了吧!"

【辩证解读】

◎孔子已到老年，但他恢复周礼、实现仁治的人生目标还没有实现。传说中在舜和周文王时代都出现过的凤鸟及上古伏羲氏时代黄河中出现过的龙马背负八卦图也不见踪影，他有点儿灰心丧气了。

● "凤鸟""河图"都是传说，是虚幻景象。恢复周礼、实现仁治的目标也是虚幻的。

9.10 子见齐衰①者，冕衣裳者②与瞽者③，见之，虽少④，必作⑤；过之，必趋⑥。

【注释】

① 齐（zī）衰（cuī）：古代的一种丧服。

② 冕衣裳者：衣冠整齐的贵族。

③ 瞽者：盲人。

④ 少：shào，年轻。

⑤ 作：站起来。

⑥ 趋：快步走。

【译文】

孔子遇见穿丧服的人、当官的人和盲人时，虽然他们年轻，也一定要站起来；从他们面前经过时，一定要快步走过。

【辩证解读】

◎孔子对于周礼十分熟悉，他知道遇到什么人该行什么礼，对于尊贵者、家有丧事者和盲人，都应以礼待之。

● 孔子只见到这三类人才以礼待之，未免有点狭隘。以礼相待的范围应扩大，才是礼仪之邦应有的风范。

9.11 颜渊喟然叹曰："仰之弥高，钻之弥坚，瞻之在前，忽焉在后。夫子循循然善诱人,博我以文,约我以礼,欲罢不能。即竭吾才,如有所立卓尔。虽欲从之,末由也已。"

【译文】

颜渊感叹地说:"(对于老师的学问与道德),我抬头仰望,越望越觉得高,我努力钻研,越钻研越觉得不可穷尽。看着它好像在前面,忽然又像在后面。老师善于一步一步地引导我,用各种典籍来丰富我的知识,又用各种礼节来约束我的言行,使我想停止学习都不可能。直到我用尽了全力,却好像有一个十分高大的东西立在我前面。虽然我想要追随上去,却没有前进的路径了。"

【辩证解读】

◎颜渊极其崇拜自己的老师,他认为孔子的学问与道德深不可测、高不可攀。此外,他还谈到孔子对学生的教育方法非常有效。

●颜渊对老师极尽赞美之能事,却可能误导别人,让别人觉得孔子的理论艰深难学,捉摸不定。

9.12 子疾病,子路使门人为臣①。病间②,曰:"久矣哉,由之行诈也。无臣而为有臣。吾谁欺?欺天乎?且予与其死于臣之手也,无宁死于二三子之手乎?且予纵不得大葬,予死于道路乎?"

【注释】

① 为臣:相当于今天的治丧委员会。

② 间:jiàn,病情稍有好转。

【译文】

孔子患了重病,子路派了(孔子的)门徒去做孔子的家臣(负责料理后事)。后来,孔子的病好了一些,他说:"仲由很久以来就干这种弄虚作假的事情。我明明没有家臣,却偏偏要装作有家臣。我骗谁呢?我骗上天吗?与其在家臣的侍候下死去,不如在你们这些学生的侍候下死去,这样不是更好吗?即使我不能以大夫之礼来安葬,难道就会被丢在路边没人埋吗?"

【辩证解读】

◎孔子遵从周礼,不做僭越之事。他不是大夫,所以不同意以大夫之礼安葬他,并反对学生为他装门面。

●孔子活着时无法恢复周礼,自己的身后事恐怕也由不得他自己。

9.13 子贡曰:"有美玉于斯,韫①椟②而藏诸?求善贾③而沽诸?"子曰:"沽之哉,沽之哉!我待贾者也。"

【注释】

①韫:yùn,包裹。

②椟:dú,匣子,柜子。

③贾:gǔ,商人。

【译文】

子贡说:"这里有一块美玉,是把它收藏在柜子里呢,还是找一个识货的商人卖掉呢?"孔子说:"卖掉吧!卖掉吧!我正在等着识货的人呢。"

【辩证解读】

◎孔子自称是"待贾者",他一直周游列国宣传仁义礼治,期待着各国统治者能够行他之道于天下;另一方面,他也随时准备把自己推上治国之位,依靠政权的力量去推行礼制。

●孔子急于求官的心态溢于言表,他周游列国实际上类似于当代的跑官要官。

9.14 子欲居九夷。或曰:"陋,如之何?"子曰:"君子居之,何陋之有?"

【译文】

孔子想要搬到九夷去居住。有人说:"那里非常落后闭塞,不开化,怎么能住呢?"孔子说:"有君子去住,就不闭塞落后了。"

【辩证解读】

◎再落后的地方只要有君子去住,传播文化知识,开化人们的愚蒙,那么这些地方就不会闭塞落后了。

◉一个人的影响力是有限的,改变一个地区的文化是一个极其漫长而艰难的过程。

9.15 子曰:"吾自卫反①鲁,然后乐正②,雅颂各得其所。"

【注释】

① 反:通"返"。

② 正:整理。

【译文】

孔子说:"我从卫国返回到鲁国以后,乐才得到整理,雅乐和颂乐才各自有适当的安排。"

【辩证解读】

◎孔子从卫国返回故乡之后心情大好,做了音乐整理方面的工作。

◉孔子进行音乐整理,也是侧重颂扬性、礼宾性的"雅""颂",对以地方音乐为主的"风"却不进行整理,这也是重视并宣扬礼学的一种表现。

9.16 子曰:"出则事公卿,入则事父兄,丧事不敢不勉,不为酒困,何有于我哉?"

【译文】

孔子说:"在外侍奉公卿,在家孝敬父兄,有丧事不敢不尽力去办，不被酒所困，这些事对我来说有什么困难呢？"

【辩证解读】

◎"出则事公卿"，是尽忠；"入则事父兄"，是尽孝。忠与孝是孔子特别强调的两个道德规范。它是对所有人的要求，而孔子本人就是这方面的身体力行者。

● 出未必非得事公卿，人生可做的事情很多，不应该只追求官位。

9.17 子在川上曰："逝者如斯夫，不舍昼夜。"

【译文】

孔子在河边说："消逝的时光就像这河水一样啊，不分昼夜地向前流去。"

【辩证解读】

◎时光不停歇地流逝，而孔子的人生理想还没有实现。

● 尊重自然规律，壮志未酬与时代、执政者等都有密切关联，尽心尽力足矣！事实上，孔子死后，他的理想得以实现，并影响了中国几千年。

9.18 子曰："吾未见好德如好色者也。"

【译文】

孔子说："我没有见过像好色那样好德的人。"

【辩证解读】

◎孔子感叹人们更好色，而不是好德。

● 色是人与生俱来的内在需求，而德则是外在需求。

9.19 子曰："譬如为山，未成一篑①，止，吾止也；譬如平地，虽覆一篑，进，吾往也。"

【注释】

① 篑：筐。

【译文】

孔子说："譬如用土堆山，只差一筐土就完成了，这时停下来，那是我自己要停下来的；譬如在平地上堆山，虽然只倒下一筐，这时继续前进，那是我自己要前进的。"

【辩证解读】

◎孔子在这里用堆土成山这一比喻，说明钻研学问和品德养成都是一个循序渐进、不断积累的过程，这个过程必须本人自觉自愿完成，成与不成都在于自己。自我的坚守和坚持很重要，差一步都可能功亏一篑，不得圆满。

●坚持固然重要，但不能执念，要视具体情况而言，若为了坚持，舍去健康，也是不可取的。古往今来不少英年早逝的杰出人士，比如孔子最喜欢的学生颜渊，都是为了事业和成功，努力拼搏，过早地付出了宝贵的生命。当累了、倦了，要学会休息和调整心态，慢慢前进，过程比结果更重要，努力过就是一种成功。

9.20 子曰："语①之而不惰者，其回也与！"

【注释】

① 语：听话。

【译文】

孔子说："听我说话而能毫不懈怠的，只有颜回一个人吧！"

【辩证解读】

◎颜回是一个能够专心听老师讲话且学习不知疲倦的人。

●颜回学习比较被动，很少主动与老师交流对话。

9.21 子谓颜渊曰:"惜乎!吾见其进也,未见其止也。"

【译文】

孔子对颜渊说:"可惜呀!我只见他不断前进,从来没有看见他停止过。"

【辩证解读】

◎孔子对颜渊的死感到十分可惜。颜渊勤奋学习,从不懈怠。

◉颜渊正是因为长期不知疲倦地学习伤害了身体。

9.22 子曰:"苗而不秀者有矣夫;秀而不实者有矣夫!"

【译文】

孔子说:"庄稼出了苗而不能吐穗扬花的情况是有的;只吐穗扬花而不结果实的情况也是有的。"

【辩证解读】

◎孔子以庄稼的生长、开花到结果来比喻一个人从求学到做官的过程。有的人很有前途,但不能坚持始终,最终达不到目的。

◉做官不一定非要成为学习的唯一目的,做了官不一定就是学有所成的唯一标志。

9.23 子曰:"后生可畏,焉知来者之不如今也?四十、五十而无闻焉,斯亦不足畏也已。"

【译文】

孔子说:"年轻人是值得敬畏的,怎么就知道后一代不如前一代呢?如果到了四五十岁时还默默无闻,那他就没有什么可以敬畏的了。"

【辩证解读】

◎孔子对现实非常失望,但他对年轻人充满了希望。他认为,人如果四五十岁时还不为人所知,那他基本上就没有希望了。

● 姜子牙七十二岁才开始辅佐周文王,怎么能够说四五十岁以后就没希望了呢?后来居上、大器晚成的人有的是。

9.24 子曰:"法语之言,能无从乎?改之为贵。巽①与之言,能无说乎?绎②之为贵。说而不绎,从而不改,吾末如之何也已矣。"

【注释】

① 巽:xùn,恭顺。

② 绎:分析,推敲。

【译文】

孔子说:"符合礼法的正言规劝,谁能不听从呢?但(只有按它来)改正自己的错误才是可贵的。恭顺赞许的话,谁听了能不高兴呢?但只有认真推究它(的真伪是非),才是可贵的。只是高兴而不去分析,只是表示听从而不改正错误,(对这样的人)我拿他实在是没有办法了。"

【辩证解读】

◎孔子首先讲的是说易行难,言行一致才可贵;其次是讲人们都爱听好听的,忠言逆耳,而且知错容易改错难。

● 规劝若是占理,自然要听从并改正。但语言是门艺术,恭顺赞许的话,很多时候都是友好的表现,人们只要明白不是真正的赞誉之词而为之沾沾自喜就行了,何必推敲它的真实成分呢?现代生活中,适当的赞誉可以拉近人与人之间的距离,别人夸你衣服好看,没必要真去研究衣服到底哪里好看,然后研究半天得出衣服并不好看,别人只是恭维自己的结论。若对所有的赞誉都进行推敲会比较累。对于指出的错误,也许并不是真的错误,听从有时只是不愿意拂对方面子而已,没必要非要改正。比如，老人和子女共同教育下一代时出现分歧，老人自会拿出老一套办法讲理，儿女接受新知识自然知道老人说得不对，但为了尊重老人表示听从，并没有真正去改正，难道就错了吗？

9.25 子曰："主忠信，毋友不如己者，过则勿惮改。"

【译文】

孔子说："要以忠诚和信用为做人原则，不要结交不如自己的人，犯了错误就别怕改正。"

【辩证解读】

◎君子做人最重要的就是忠诚而有信用，其次是结交比自己强的人，然后就是知错必改。

● 做人忠诚而有信用是正确的，知错必改也完全正确，能够结交比自己强的人做朋友当然好，但周围若没有比自己强的人就不交朋友了吗？

9.26 子曰："三军可夺帅也，匹夫不可夺志也。"

【译文】

孔子说："一国军队，可以夺去它的主帅；但一个男子汉，他的志向是不能强迫改变的。"

【辩证解读】

◎志向是个体自我内心关于未来生活的指向和意愿，别人是无法改变的。每个人都要坚定不移地坚持自己的人生目标，不轻易改变。

● 人生的志向随着年龄的增长和社会的发展是可能发生变化的，而且很多情况下也应该进行适时调整。

9.27 子曰："衣①敝缊②袍，与衣狐貉者立而不耻者，其由也与？'不忮不求，何用不臧？'③"子路终身诵之。子曰："是道也，何足以臧？"

【注释】

① 衣：yì，穿。

② 缊：yùn，旧棉絮。

③ 不忮不求，何用不臧：见于《诗经·卫风·雄雉》。

【译文】

孔子说："穿着破旧的丝棉袍子，与穿着狐貉皮袍的人站在一起而不认为是可耻的，大概只有仲由吧？（《诗经》上说）'不忌妒，不贪求，为什么说不好呢？'"子路听后，反复背诵这句诗。孔子又说："只做到这样，怎么能说够好了呢？"

【辩证解读】

◎孔子对子路不重物质、不贪享受、不忌妒他人、不羡慕权贵的精神大加赞赏，但同时要求他还要有更高、更远的志向。

● 不重物质、不贪享受、不忌妒他人、不羡慕权贵的精神应该得到赞赏，但穷困到只能穿着破旧的衣裳出席重大活动还是应该感到惭愧。

9.28 子曰："岁寒，然后知松柏之后凋也。"

【译文】

孔子说："到了寒冷的季节，才知道松柏是最后凋谢的。"

【辩证解读】

◎君子要像松柏能够经受寒冷那样，经受各种各样的严峻考验。

● 松柏只是最后凋谢，并不是没有凋谢，只是比其他树持久坚强而已，并不是最终经受住了各种各样的严峻考验。

9.29 子曰："知者不惑，仁者不忧，勇者不惧。"

【译文】

孔子说:"聪明的人不会迷惑,有仁德的人不会忧愁,勇敢的人不会畏惧。"

【辩证解读】

◎ "知、仁、勇,三者天下之达德也。"孔子希望自己的学生能具备这三种德,成为真正的君子。

◉ 知者也会有惑的时候,仁者不可能没有任何忧愁,勇敢者也会有恐惧的时候。

9.30 子曰:"可与共学,未可与适道;可与适道,未可与立①;可与立,未可与权②。"

【注释】

① 立:坚守。

② 权:随机应变。

【译文】

孔子说:"可以一起学习的人,未必都能学到道;能够学到道的人,未必能够坚守道;能够坚守道的人,未必能够随机应变。"

【辩证解读】

◎孔子认为,能够成为一个既努力学习,又坚守正道,并能够随机应变的人才不容易。

◉ 对人才(君子)的要求不能太求全责备。

9.31 "唐棣①之华,偏其反而。岂不尔思,室是远而。"子曰:"未之思也,夫何远之有?"

【注释】

① 唐棣(dì):一种植物。

【译文】

古代有一首诗这样写道:"唐棣的花朵啊,翩翩地摇摆。我岂能不想念你,只是由于家住的地方太远了。"孔子说:"他还是没有真的想念,如果真的想念,有什么遥远呢?"

【辩证解读】

◎此处孔子应是用一首古诗来引导和教育他的学生,不要因为实现礼制,成为仁德之人是漫长的过程就放弃,只要心向往之就不遥远。

◉漫漫征途,为实现目标,立志固然关键,但是还需要坚强、吃苦耐劳等,这些缺一不可,否则就是空谈。

乡党篇第十

10.1 孔子于乡党,恂恂^①如也,似不能言者。其在宗庙、朝廷,便便^②言,唯谨尔。

【注释】

① 恂恂:xún,恭敬。

② 便便:pián,善于言语。

【译文】

孔子在本乡的地方上显得很温和恭敬,像是不会说话的样子。但他在宗庙里、朝廷上,却很善于言辞,只是说得比较谨慎而已。

【辩证解读】

◎孔子在乡党面前谦逊温和,从不夸夸其谈,因为他不想让自己显得高明;但在庙堂之上他要让君王明白自己的意见,让众人清楚自己的想法,必须表现得能说会道,虽然他还是比较谨慎。

⦿其实在乡党面前可以真实自然一些,该说就说,因为说错了也没有严重后果。

10.2 朝,与下大夫言,侃侃如也;与上大夫言,訚訚^①如也。君在,踧踖^②如也,与与如也。

【注释】

① 訚:yín,正直。

② 踧踖:cùjí,恭顺而不安。

【译文】

孔子在上朝的时候,(国君还没有到来时),同下大夫说话,友好而快乐的样子;同上大夫说话,正直而公正的样子。国君来了之后,他恭敬而心中不安的样子,但又仪态适中。

【辩证解读】

◎孔子在不同的场合,面对不同的人会有不同的言谈举止方式。

◉在国君跟前恭敬正确,但不安似乎未必。表现得不安是不是会让人觉得心中有鬼呢?

10.3 君召使摈,色勃如也,足躩^①如也。揖所与立,左右手,衣前后^②,襜^③如也。趋进,翼如也。宾退,必复命曰:"宾不顾矣。"

【注释】

① 躩:jué,快步。
② 前后:作动词,指衣服前后摆动。
③ 襜:chān,整齐。

【译文】

国君召孔子去接待宾客,孔子脸色立即庄重起来,脚步也快起来。他向和他站在一起的人作揖,手向左或向右作揖,衣服前后摆动,却整齐不乱。快步走的时候,像鸟儿展开双翅一样。宾客走后,必定向君主回报说:"客人已经不回头张望了。"

【辩证解读】

◎孔子是一个表现非常出色的礼宾官,接受任务时态度庄重,接待宾客时紧张而不手忙脚乱,他态度友好,彬彬有礼。

◉孔子太把迎来送往的礼节当回事了,有失仁者身份。

10.4 入公门,鞠躬如也,如不容。立不中门,行不履阈。过位①,色勃如也,足躩如也,其言似不足者。摄齐②升堂,鞠躬如也,屏③气似不息者。出,降一等,逞颜色,怡怡如也。没阶,趋进,翼如也。复其位,踧踖如也。

【注释】

① 过(guō)位:经过君主的座位。

② 摄齐(zī):摄,提起;齐,衣服缝了边的下摆。

③ 屏:bǐng,抑止。

【译文】

孔子走进朝廷的大门,谨慎而恭敬的样子,好像没有他的容身之地。站的时候不站在门的中间,走的时候也不踩门槛。经过国君的座位时,他脸色立刻庄重起来,脚步也加快了,说话也好像中气不足一样。提起衣服下摆向堂上走的时候,恭敬谨慎的样子,憋住气好像不呼吸一样。退出来,走下台阶,脸色便舒展开了,怡然自得的样子。走完了台阶,快快地向前走几步,姿态像鸟儿展翅一样。回到自己的位置,是恭敬而不安的样子。

【辩证解读】

◎孔子特别注意自己在朝堂上的仪态风度。

◉孔子在朝堂之上表现太不自然,太紧张,太过诚惶诚恐了。

10.5 执圭①,鞠躬如也,如不胜②。上如揖,下如授。勃如战色,足蹜蹜③,如有循。享礼④,有容色。私觌⑤,愉愉如也。

【注释】

① 圭:古代举行典礼时,君臣手里拿的玉器。

② 胜:shēng,有能力。

③ 蹜蹜:suōsuō,步子小。

④ 享礼：出使外国，初到时需行聘问礼，聘问后，行享礼。

⑤ 觌：dí，相见。

【译文】

（孔子出使别的诸侯国），拿着圭，恭敬谨慎，像是举不起来的样子。向上举时好像在作揖，放在下面时好像是给人递东西。脸色庄重得像战栗的样子，步子很小，好像沿着一条直线往前走。在举行赠送礼物的仪式时，显得和颜悦色。和国君举行私下会见的时候，更轻松愉快了。

【辩证解读】

◎孔子作为外交使节，特别注重外交礼仪，谨慎而友好。

●外交使节的行为方式也应视不同情况而有所不同，首先是不失国格，其次是实现外交目的。

10.6 君子不以绀緅①饰，红紫②不以为亵服。当暑，袗絺绤③，必表而出之。缁衣，羔裘；素衣，麑裘；黄衣，狐裘④。亵裘长，短右袂⑤。必有寝衣⑥，长一身有半。狐貉之厚以居。去丧，无所不佩。非帷裳⑦，必杀⑧之。羔裘玄冠⑨不以吊。吉月，必朝服而朝。

【注释】

① 绀（gàn）緅（zōu）：绀，緅，都是颜色。

② 红紫：古代属于高贵颜色，家居不宜使用。

③ 袗（zhěn）絺（chī）绤（xì）：袗，单，此处用作动词，穿单衣；絺，细葛布；绤，粗葛布。

④ 缁衣，羔裘；素衣，麑裘；黄衣，狐裘：这三句表示衣服里外颜色要相称。

⑤ 袂：mèi，衣袖。

⑥寝衣：被子。

⑦帷裳：礼服裙，上朝和祭祀时穿。

⑧杀：裁去。

⑨羔裘玄冠：黑色吉服，不能用于吊丧。

【译文】

君子不用深青透红或黑中透红的布镶边，不用红色或紫色的布做平常在家穿的衣服。夏天穿粗的或细的葛布单衣，但一定要套在内衣外面。黑色的羔羊皮袍，配黑色的罩衣；白色的鹿皮袍，配白色的罩衣；黄色的狐皮袍，配黄色的罩衣。平常在家穿的皮袍做得长一些，右边的袖子短一些。睡觉一定要有睡衣，要有一身半长。用狐貉的厚毛皮做坐垫。丧服期满，脱下丧服后，便佩戴上各种各样的装饰品。如果不是礼服，一定要加以剪裁。不穿着黑色的羔羊皮袍和戴着黑色的帽子去吊丧。每月初一，一定要穿着礼服去朝拜君主。

【辩证解读】

◎孔子对"礼"的遵循，不仅表现在与国君和大夫们见面时的言谈举止和仪式，而且表现在衣着方面。他对祭祀时、服丧时和平时所穿的衣服都有不同的要求，如单衣、罩衣、麻衣、皮袍、睡衣、浴衣、礼服、便服等，都有不同的规定。

◉官员按照官方规定和要求着装就好，个人不一定太过讲究，大方得体、舒适美观即可。

10.7 齐①，必有明衣，布。齐必变食，居必迁坐。

【注释】

①齐：斋戒。

【译文】

斋戒沐浴的时候,一定要有浴衣,用布做的。斋戒的时候,一定要改变平常的饮食,居住也一定要搬移地方,(不与妻妾同房)。

【辩证解读】

◎孔子按照周礼严格认真地对待斋戒之事。

● 对斋戒这么认真,这么虔诚,说明孔子相信有鬼神存在。但这又与孔子"敬鬼神而远之"的理论相悖,分明是亲近的表现。此处也说明这样的讲究与穷人是无关的,在中国历史的许多时期穷人常常衣不蔽体。

10.8 食不厌精,脍不厌细。食饐而餲①,鱼馁②而肉败,不食。色恶,不食。臭恶,不食。失饪,不食。不时,不食。割不正,不食。不得其酱,不食。肉虽多,不使胜食③气。唯酒无量,不及乱。沽酒市脯,不食。不撤姜食,不多食。

【注释】

① 食饐(yì)而餲(ài):食物经久而腐烂。

② 馁:鱼腐烂。

③ 食(sì)气:饭料,主食。

【译文】

粮食不嫌舂得精,鱼和肉不嫌切得细。粮食陈旧和变味了,鱼和肉腐烂了,都不吃。食物的颜色变了,不吃。气味变了,不吃。烹调不当,不吃。不到该吃的时候,不吃。肉切得不方正,不吃。佐料放得不适当,不吃。席上的肉虽多,但吃的量不超过米面的量。只有酒没有限制,但不喝醉。从市上买来的肉干和酒,不吃。每餐必须有姜,但也不多吃。

【辩证解读】

◎孔子吃饭极其讲究，他注重食物的形状、味道、颜色、气味、烹饪方法，关注吃饭的时间，而且不暴饮暴食。此篇也可看出孔子那个时候上层人家的物质生活水平是相当高的。

◉像颜回一样的君子恐怕也没有条件如此讲究饭食，更别说普通老百姓了。他们能做到的就是不喝醉酒，不吃过量。

10.9 祭于公，不宿①肉，祭肉不出三日。出三日，不食之矣。

【注释】

① 宿：留。

【译文】

孔子参加国君祭祀典礼时分到的肉，不留到第二天，祭祀用过的肉不超过三天。超过三天，就不吃了。

【辩证解读】

◎孔子那个时代没有有效的保鲜制冷方法，祭肉三日之后一般也就不能吃了。

◉普通老百姓肯定是不会舍弃的。

10.10 食不语，寝不言。

【译文】

吃饭的时候不说话，睡觉的时候也不说话。

【辩证解读】

◎直到目前，人们也还在倡导"食不语，寝不言"。

◉现在，人们也常常借吃饭的机会交流谈事。

10.11 虽疏食菜羹，瓜祭，必齐如也。

【译文】

即使是粗米饭、蔬菜汤,吃饭前也要取出一些来祭祖,而且表情要像斋戒时那样严肃恭敬。

【辩证解读】

◎古人在吃饭前,把席上各种食品分出少许,用来祭祖。目前许多地方的人在过节时仍有这样的习俗。

⊙孔子"敬鬼神而远之"实际上实行得并不好,他其实是敬且不远。

10.12 席不正,不坐。

【译文】

席子放得不端正,不坐。

【辩证解读】

◎古代没有椅子和桌子,都坐在铺于地面的席子上。孔子要把席子放正才坐。

⊙那个时代恐怕有不少的人家连席子也没有,难道就永远不坐了吗?

10.13 乡人饮酒,杖者①出,斯出矣。

【注释】

①杖者:老年人。

【译文】

行乡饮酒的礼仪结束后,(孔子)一定要等老年人先出去,然后自己才出去。

【辩证解读】

◎孔子尊敬礼让老年人。

⊙对长者礼让,值得称赞,对尊者如何呢,为什么没记载?孔子一向推崇礼仪，应该长者、尊者都礼让。

10.14 乡人傩①，朝服而立于阼阶。

【注释】

① 傩：nuó，古代驱逐疫鬼的仪式。

【译文】

乡里人举行迎神驱鬼的宗教仪式时，孔子总是穿着朝服站在东边的台阶上。

【辩证解读】

◎孔子对所有的礼仪活动都认真对待。

◉ 乡里人举行迎神驱鬼的宗教仪式时，其实大家伙都是热热闹闹的，没必要太过严肃。

10.15 问人于他邦，再拜而送之。

【译文】

（孔子）托人向在其他诸侯国的朋友问候送礼，便向受托者拜两次送行。

【辩证解读】

◎孔子重交情，讲礼节。

◉孔子太注重繁文缛节。

10.16 康子馈药，拜而受之。曰："丘未达①，不敢尝。"

【注释】

① 达：了解。

【译文】

季康子给孔子赠送药品，孔子拜谢之后接受了，说："我对药性不了解,不敢尝。"

【辩证解读】

◎孔子不想接受季康子的馈赠,但也礼貌地收下了,虽然他拒绝服用。

◉自己不喜欢的人赠送礼物直接拒绝就好。

10.17 厩焚。子退朝,曰:"伤人乎?"不问马。

【译文】

马棚失火烧掉了。孔子退朝回来,说:"伤人了吗?"不问马的情况怎么样。

【辩证解读】

◎孔子只问人,不问马,表明他重人不重财,十分关心下面的人。

◉孔子先问人再问马的做法似乎更好一些。

10.18 君赐食,必正席先尝之。君赐腥,必熟而荐①之。君赐生,必畜之。侍食于君,君祭,先饭。

【注释】

① 荐:供奉。

【译文】

国君赐给熟食,孔子一定摆正席子先尝一尝。国君赐给生肉,一定煮熟了,先给祖宗上供。国君赐给活物,一定要饲养起来。同国君一道吃饭,在国君举行饭前祭礼的时候,一定要先尝一尝。

【辩证解读】

◎孔子对国君十分恭敬,并把国君馈赠的礼物视为珍贵之物。

◉孔子对国君的忠诚已经到了崇拜甚至近乎谄媚的地步,而且不问国君好坏。

10.19 疾，君视之，东首①，加朝服，拖绅②。

【注释】

① 东首：国君到其臣子家中时，从主人方位的东阶上下，故孔子要脸朝东。

② 绅：腰间束的大带。

【译文】

孔子病了，国君来探视，他便头朝东躺着，身上盖上朝服，拖着大带子。

【辩证解读】

◎孔子躺在病床之上也不忘人臣大礼。

●国君探视表达感激之情即可，孔子没必要搞那么大的阵仗折腾自己和身边的人。

10.20 君命召，不俟①驾行矣。

【注释】

① 俟：sì，等待。

【译文】

国君召见（孔子），他不等车马驾好就先步行去了。

【辩证解读】

◎国君召见时，孔子以最快的速度前往，以示恭敬及以国事为急。

●孔子步行去面见国君是否不够正式而隆重，驾好车马会延误多少时间？步行真的就比车马更快？

10.21 入太庙，每事问。

【译文】

孔子进了太庙不管什么事都请教别人。

【辩证解读】

◎祭祀乃重大事情,孔子生怕不周全,而且也表现出孔子谦逊的态度。

●祭祀由主祭者主导,孔子若为祭礼的主持,就没必要事事问别人,若不是主持,问也白问。

10.22 朋友死,无所归,曰:"于我殡。"

【译文】

(孔子的)朋友死了,没有亲属负责敛埋,孔子说:"丧事由我来办吧。"

【辩证解读】

◎孔子重情义,对朋友十分仗义。

●没有亲属负责后事,是孔子朋友为人不好伤了亲属的心?还是亲属经济能力有限无力负责后事?或是没有近亲,远亲走动少,血缘亲情关系趋淡?这种情况下,孔子置办丧事,也应邀请亲属参与。若论交情,真不如孔子。

10.23 朋友之馈,虽车马,非祭肉,不拜。

【译文】

朋友馈赠物品,即使是车马,不是祭肉,(孔子在接受时)也是不拜的。

【辩证解读】

◎孔子把祭肉看得比车马还重要,因为祭肉在祭祀祖先之后就不仅仅是一块可以食用的东西,而且还是对祖先尽孝的一个载体。

●其实祭肉在祭祀祖先之后就又是一块肉了。

10.24 寝不尸[①],居不客。

【注释】

① 尸：睡觉姿势。

【译文】

（孔子）睡觉不像死尸一样挺着，平日家居也不像做客或接待客人时那样庄重严肃。

【辩证解读】

◎睡也要有睡的样子，在家里边随随便便的样子是不能见客的。

◉人睡着以后什么样子很多时候自己是无法控制的。

10.25 见齐衰①者，虽狎②，必变。见冕者与瞽者，虽亵③，必以貌。凶服者式④之。式负版⑤者。有盛馔，必变色而作。迅雷风烈必变。

【注释】

① 齐衰：穿着丧服。

② 狎：xiá，熟悉。

③ 亵：xiè，常见。

④ 式：通"轼"，动词，用手扶轼。

⑤ 版：国家图籍。

【译文】

（孔子）看见穿丧服的人，即使是关系很亲密的，态度也一定要变得严肃起来。看见当官的和盲人，即使是常在一起的，也一定要有礼貌。在乘车时遇见穿丧服的人，便俯伏在车前横木上（以示同情）。遇见背负国家图籍的人，也这样做（以示敬意）。（做客时），如果有丰盛的筵席，就神色一变，并站起来致谢。遇见迅雷大风，一定要改变神色（以示对上天的敬畏）。

【辩证解读】

◎孔子讲究礼节，敬畏上天。

● 孔子的行为虽然令其学生肃然起敬，但讲究太过繁杂，礼节是无法让普罗大众效法的。

10.26 升车，必正立，执绥①。车中，不内顾，不疾言，不亲指。

【注释】

① 绥：扶手。

【译文】

上车时，一定先直立站好，然后拉着扶手带上车。在车上，不回头，不高声说话，不用自己的手指指点点。

【辩证解读】

◎孔子坐车也有讲究，他恪守周礼有关坐车的规矩。

● 坐车放松自然即可，除非是乘车接受检阅和参加典礼。

10.27 色斯举矣，翔而后集。曰："山梁雌雉，时哉时哉！"子路共①之，三嗅而作。

【注释】

① 共：通"拱"，拱手。

【译文】

孔子在山谷中行走，看见一群野鸡在那儿飞，孔子神色动了一下，野鸡飞翔了一阵落在树上。孔子说："这些山梁上的母野鸡，得其时呀！得其时呀！"子路向他们拱拱手，野鸡便叫了几声飞走了。

【辩证解读】

◎孔子是有感而发。他认为山谷里的野鸡能够自由飞翔,一起自由落下,这是得其时,而自己东奔西走,却一直不得其时。

⦿ 孔子一生拘泥于周礼,怎么可能跟自由自在的野鸡相比呢?他显然很羡慕并向往野鸡的自由自在。

先进篇第十一

11.1 子曰:"先进于礼乐,野人也;后进于礼乐,君子也。如用之,则吾从先进。"

【译文】

孔子说:"先学习礼乐而后再做官的人,是(原来没有爵禄的)平民;先当了官然后再学习礼乐的人,是君子。如果要选用人才,那我主张用先学习礼乐的人。"

【辩证解读】

◎孔子认为那些先当官,即原来就有爵禄的人,在为官以前,没有接受礼乐知识的系统教育,还不知道怎样为官便当上了官。这样的人不一定能够成为好官。而那些本来没有爵禄的平民,他们在当官以前已经全面系统地学习了礼乐知识,知道怎样为官,怎样当一个好官。

● 做一个好官需要较好的个人素质和综合能力,特别是需要有爱民情怀,并能够体察民情,光学习礼乐是不够的。

11.2 子曰:"从①我于陈、蔡者,皆不及门也。"

【注释】

① 从:zòng,跟随。

【译文】

孔子说:"曾跟随我从陈国到蔡地去的学生,现在都不在我身边受教了。"

【辩证解读】

◎公元前489年,孔子和他的学生从陈国到蔡地去。途中,他们被陈国的人们所包围,绝粮七天,许多学生饿得不能行走。当时跟随他的学生有子路、子贡、颜渊等人。公元前484年,孔子回鲁国以后,子路、子贡等先后离开了他,颜渊也死了。所以,这句话反映了孔子对这些学生的思念之情。

● 跟随孔子经历过陈蔡之难的都是最优秀的学生,他们都学有所成,出师门了,只有颜渊英年早逝。

11.3 德行:颜渊、闵子骞、冉伯牛、仲弓。言语:宰我、子贡。政事:冉有、季路。文学:子游、子夏。

【译文】

德行好的有:颜渊、闵子骞、冉伯牛、仲弓。善于辞令的有:宰我、子贡。擅长政事的有:冉有、季路。通晓文献知识的有:子游、子夏。

【辩证解读】

◎孔子对学生的情况非常了解,也为他们而感到自豪。

● 没有人是全才,孔子只说学生的优点,不指出缺陷,难免有护短炫耀之嫌。更何况,这是孔子的个人观点,不足以服众。

11.4 子曰:"回也非助我者也,于吾言无所不说。"

【译文】

孔子说:"颜回不是对我有帮助的人,他对我说的话没有不心悦诚服的。"

【辩证解读】

◎孔子自认为颜回最大的优点是对老师心悦诚服。

◉孔子喜欢老实听话的学生，不注重学生的能力。

11.5 子曰："孝哉闵子骞！人不间于其父母昆弟之言。"
【译文】
孔子说："闵子骞真是孝顺呀！人们对于他父母兄弟称赞他的话，没有什么异议。"
【辩证解读】
◎闵子骞是孔子学生中孝顺的榜样。

◉孝顺确实值得提倡、赞赏，但闵子骞有"愚孝"行为吗？当时，人们的认知有限，即使得到所有人的赞誉，也不见得就是真正应该提倡的孝道。

11.6 南容三复①白圭②，孔子以其兄之子妻之。
【注释】
① 三复：反复诵读。
② 白圭：指诗句"白圭之玷，尚可磨也；斯言之玷，不可为也"。
【译文】
南容反复诵读"白圭之玷，尚可磨也；斯言之玷，不可为也"的诗句，孔子就把侄女嫁给了他。
【辩证解读】
◎白圭指《诗经·大雅·抑》的诗句："白圭之玷，尚可磨也，斯言之玷，不可为也。"意思是白玉上的污点还可以磨掉，我们言论中有毛病，就无法挽回了。孔子欣赏南容经常背诵这首诗是欣赏南容提醒自己谨言慎行。

◉孔子仅凭南容背了两句诗就把自己的侄女嫁给了他，对侄女的婚姻大事太不谨慎了。

11.7 季康子问:"弟子孰为好学?"孔子对曰:"有颜回者好学,不幸短命死矣,今也则亡。"

【译文】

季康子问孔子:"你的学生中谁是好学的?"孔子回答说:"有一个叫颜回的学生很好学,不幸短命死了,现在再也没有像他那样的了。"

【辩证解读】

◎孔子为失去颜回这个最好学且他最喜欢的弟子而感到十分惋惜。

● 孔子最喜欢颜回,对颜回评价高可以理解。但是用"今也则亡"一词,对其他的学生不公正,也会打击学生好学的积极性,因为在老师眼里,自己再努力、再好学,也比不上颜回。

11.8 颜渊死,颜路①请子之车以为之椁②。子曰:"才不才,亦各言其子也。鲤也死,有棺而无椁。吾不徒行以为之椁。以吾从大夫之后,不可徒行也。"

【注释】

① 颜路:颜渊的父亲。

② 椁:guǒ,棺材外面的大棺。

【译文】

颜渊死了,(他的父亲)颜路请求孔子卖掉车子,给颜渊买个外椁。孔子说:"(虽然颜渊和鲤)一个有才一个无才,但各自都是自己的儿子。孔鲤死的时候,也是有棺无椁。我没有卖掉自己的车子步行而给他买椁。因为我还跟随在大夫之后,是不可以步行的。"

【辩证解读】

◎颜渊死了,他的父亲颜路请孔子卖掉自己的车子,给颜渊买椁。尽管孔子十分喜欢颜渊,他却不愿意卖掉车子。因为他曾经担任过大夫一级的官员,而大夫必须有自己的车子,不能步行,否则就违背了礼的规定。

● 颜路的要求很过分,自己的儿子死了,要求儿子的老师卖车买椁,孔子委婉地拒绝了。

11.9 颜渊死,子曰:"噫!天丧予!天丧予!"

【译文】

颜渊死了,孔子说:"唉!是老天爷真要我的命呀!是老天爷真要我的命呀!"

【辩证解读】

◎颜渊的死让孔子极其悲痛。

● 不知孔子母亲亡时其曾做何悲叹。

11.10 颜渊死,子哭之恸。从者曰:"子恸矣!"曰:"有恸乎?非夫人之为恸①而谁为?"

【注释】

① 非夫人之为恸(tòng):夫人,那人,做恸的前置宾语,可以理解为"非为夫人恸"。

【译文】

颜渊死了,孔子哭得极其悲痛。跟随孔子的人说:"您悲痛过度了!"孔子说:"是悲伤过度了吗?我不为这个人悲伤过度,又为谁呢?"

【辩证解读】

◎孔子与学生的感情非常深厚，他尤其喜欢颜渊，颜渊的死让他悲痛万分。

●孔子身边的人也认为他悲痛过度了。

11.11 颜渊死，门人欲厚葬之，子曰："不可。"门人厚葬之。子曰："回也视予犹父也，予不得视犹子也。非我也，夫二三子也。"

【译文】

颜渊死了，孔子的学生们想要隆重地安葬他，孔子说："不能这样做。"学生们仍然隆重地安葬了他。孔子说："颜回把我当父亲一样看待，我却不能把他当亲生儿子一样看待。这不是我的过错，是那些学生们干的呀。"

【辩证解读】

◎孔子不愿意颜渊的安葬越礼，如果颜渊是他的儿子，他是会坚决阻止的。他的学生们在这件事上没有听他的话。

●学生们是揣摩孔子的心思而安葬颜渊的，孔子肯定没有态度坚决地加以阻止。

11.12 季路问事鬼神。子曰："未能事人，焉能事鬼？"曰："敢问死。"曰："未知生，焉知死？"

【译文】

季路问怎样去侍奉鬼神。孔子说："没能侍奉好人，怎么能侍奉鬼呢？"（季路）说："请问死是怎么回事？"（孔子回答）说："还不知道活着的道理，怎么能知道死呢？"

【辩证解读】

◎孔子秉承"敬鬼神而远之"的理念，因此不愿意回答有关这方面的问题。生死与鬼神也是说不清楚的事情，孔子主张实事求是。孔子认为先做好现世的事，先侍奉好君王，再侍奉好父母，最后再说鬼神。

◉"我们从哪里来，到哪里去"是人们自然而然会思考并关心的问题，这是一个任何哲学家和思想家都无法回避的问题。

11.13 闵子侍侧，訚訚如也；子路，行行①如也；冉有、子贡，侃侃如也。子乐。"若由也，不得其死然。"

【注释】

① 行行：hàng，刚强负气的样子。

【译文】

闵子骞侍立在孔子身旁，一派和悦而温顺的样子；子路是一副刚强的样子；冉有、子贡是温和快乐的样子。孔子高兴了。但孔子又说："像仲由这样，只怕不能够善终。"

【辩证解读】

◎孔子看着身旁的学生各有特色，各有所长，他非常自豪快乐，但还是为仲由担心，担心他不能够善终。

◉孔子既然可以预测出子路的未来，为什么不因材施教，试着去扭转、影响或改变子路的性格呢？这样或许能够扭转子路的命运。

11.14 鲁人为①长府。闵子骞曰："仍旧贯，如之何？何必改作？"子曰："夫人不言，言必有中。"

【注释】

① 为：翻修。

【译文】

鲁国翻修长府的国库。闵子骞说:"照老样子下去,怎么样?何必改建呢?"孔子说:"这个人平日不大开口,一开口就说到要害上。"

【辩证解读】

◎闵子骞不同意鲁国翻修长府的国库,因为他不愿劳民伤财,对此孔子非常认同。

● 应该看国库是不是已经年久失修,若真是需要翻修,该花的钱还是要花。

11.15 子曰:"由之瑟奚为于丘之门?"门人不敬子路。子曰:"由也升堂矣,未入于室①也。"

【注释】

① 升堂入室:古代的"堂"是正厅,"室"是内室。

【译文】

孔子说:"仲由弹瑟,为什么在我这里弹呢?"孔子的学生们因此都不尊敬子路。孔子便说:"仲由嘛,他只是登上厅堂而已,还没有入室呢。"

【辩证解读】

◎孔子说了句子路为什么非要在他的厅堂弹瑟,学生们就因此而有点儿讨厌子路,孔子马上为子路开脱,而且是以一种风趣幽默的口气。

● 孔子不但是为子路开脱,而且风趣幽默的口气中还有一语双关的意思。他说子路已经登堂尚未入室,也就是说子路演奏乐器的能力还不到家。

11.16 子贡问:"师与商也孰贤?"子曰:"师也过,商也不及。"曰:"然则师愈与?"子曰:"过犹不及。"

【译文】

子贡问孔子:"子张和子夏二人谁更好一些呢?"孔子回答说:"子张过分,子夏不足。"子贡说:"那么是子张好一些吗?"孔子说:"过分和不足是一样的。"

【辩证解读】

◎子张做得过分,子夏做得不足,两人都不好,所以孔子对此二人的评价就是:"过犹不及"。

● 任何事情要做到不偏不倚,百分之百正确都是比较困难的。我们追求完美,但对最终结果的评价不能以不完美而全盘否定。

11.17 季氏富于周公,而求也为之聚敛而附益之。子曰:"非吾徒也。小子鸣鼓而攻之可也。"

【译文】

季氏比周朝的公侯还要富有,而冉求还帮他搜刮,增加他的钱财。孔子说:"他不是我的学生了,你们可以大张旗鼓地去攻击他。"

【辩证解读】

◎鲁国的三家曾于公元前562年将公室,即鲁国国君直辖的土地和附属于土地上的奴隶瓜分,季氏分得三分之一,并用封建制的剥削方式取代了奴隶制的剥削方式。公元前537年,三家第二次瓜分公室,季氏分得四分之二。由于季氏推行了新的政治和经济措施,所以很快富了起来。孔子的学生冉求帮助季氏积敛钱财,搜刮人民,所以孔子很生气,公开不承认冉求是自己的学生,而且让其他学生打着鼓去声讨冉求。

● 冉求受聘于季氏,为季氏服务,他必须听命于季氏并尽心尽力地为季氏出谋划策。应该受到指责和声讨的是季氏,而不是冉求。

11.18 柴也愚，参也鲁，师也辟①，由也喭②。

【注释】

① 辟：邪，偏。

② 喭：粗暴，鲁莽。

【译文】

高柴愚直，曾参迟钝，颛孙师偏激，仲由鲁莽。

【辩证解读】

◎孔子觉得他的这些学生性格各有所偏，不合中庸，对他们的品质和德行必须加以纠正。

● 一个人的性格既有先天的因素，也是后天养成的，改变起来极其困难。

11.19 子曰："回也其庶乎，屡空①。赐不受命，而货殖②焉，亿则屡中。"

【注释】

① 空：贫困。

② 货殖：做生意。

【译文】

孔子说："颜回的学问道德接近于完善了吧，可是他常常贫困。端木赐不听命运的安排，去做买卖，猜测行情，往往能猜中。"

【辩证解读】

◎孔子对颜回学问道德几近于完美却常常家徒四壁深感遗憾。端木赐不听命运的安排去经商致富，这在孔子看来，是极其不公正的。

● 颜回专心于学问道德而不问世事，不屑于俗物，贫穷是自然的。端木赐先商而后学，留意市场，有钱也就不难理解。

11.20 子张问善人之道,子曰:"不践迹①,亦不入于室。"

【注释】

① 践迹:踩着别人的脚印走。

【译文】

子张问做善人的方法,孔子说:"如果不沿着前人的脚印走,其学问和修养就不到家。"

【辩证解读】

◎一个人只有不断地向前人学习,踏着前人的脚步前进,学问和道德才可以完善。

◉ 如果只是向前人学习,踏着前人的脚步走,后来者永远无法超越前人,最后的结果只能是一代不如一代。

11.21 子曰:"论笃是与,君子者乎?色①庄者乎?"

【注释】

① 色:假装。

【译文】

孔子说:"听到人议论笃实诚恳就表示赞许,但还应看他是真君子呢,还是伪装庄重的人呢?"

【辩证解读】

◎孔子观察人的时候,不仅要看他说话时的态度是否诚恳,而且要看他的行动。言行一致才是真君子。

◉君子的范畴很广,言行一致只是其中的一种。

11.22 子路问:"闻斯行诸?"子曰:"有父兄在,如之何其闻斯行之?"冉有问:"闻斯行诸?"子曰:"闻斯行之。"公西华曰:"由也问闻斯行诸,子曰'有父兄在';求也问闻斯行诸,子曰'闻斯行之'。赤也惑，敢问。"子曰："求也退，故进之；由也兼人①，故退之。"

【注释】

① 兼人：敢作敢为。

【译文】

子路问："听到了就行动起来吗？"孔子说："有父兄在，怎么能听到就行动起来呢？"冉有问："听到了就行动起来吗？"孔子说："听到了就行动起来。"公西华说："仲由问'听到了就行动起来吗？'你回答'有父兄健在'，冉求问'听到了就行动起来吗？'你回答'听到了就行动起来'。我被弄糊涂了，想再问个明白。"孔子说："冉求总是退缩，所以我鼓励他；仲由好勇过人，所以我约束他。"

【辩证解读】

◎对于同一个问题，孔子针对子路与冉求的不同情况做了不同的回答。这生动地反映了孔子教育方法的一个特点，即因材施教。

◉因材施教肯定正确，是否应该让子路、冉求明白为什么同一个问题会有不同的答案，万一两人私下交流，发现同一问题老师的回答不同时，可能容易引起误会。让他们明白老师的苦心，也有利于他们在以后的学习中结合自身情况举一反三。

11.23 子畏于匡，颜渊后。子曰："吾以女为死矣。"曰："子在，回何敢死？"

【译文】

孔子在匡地受到当地人围困，颜渊最后才逃出来。孔子说："我以为你已经死了。"颜渊说："夫子还活着，我怎么敢死呢？"

【辩证解读】

◎颜渊对老师极其崇拜。我们也可以想见,颜渊体力不行,动作也不灵敏,所以他最后一个跑出来。

◉颜渊最后还是先于孔子死了。

11.24 季子然问:"仲由、冉求可谓大臣与?"子曰:"吾以子为异之问,曾由与求之问。所谓大臣者,以道事君,不可则止。今由与求也,可谓具臣矣。"曰:"然则从之者与?"子曰:"弑父与君,亦不从也。"

【译文】

季子然问:"仲由和冉求可以算是大臣吗?"孔子说:"我以为你是问别人,原来是问仲由和冉求呀。所谓大臣是能够用周公之道的要求来侍奉君主,如果这样不行,他宁肯辞职不干。现在仲由和冉求这两个人,只能算是充数的臣子罢了。"季子然说:"那么他们会一切都跟着季氏干吗?"孔子说:"杀父亲、杀君主的事,他们也不会跟着干的。"

【辩证解读】

◎孔子认为冉求和子路应当用周公之道去规劝季氏,不要犯上作乱,如果季氏不听,就辞职不干。由此可见,孔子对待君臣关系是以道和礼为准绳的。这里,他既要求臣,也要求君,双方都应遵循道和礼。如果季氏干杀父杀君的事,冉求和子路就应该反对。

◉季氏僭礼无道,孔子一开始就应该劝阻他的学生别去季氏门下做官。

11.25 子路使子羔为费宰。子曰:"贼夫人之子。"子路曰:"有民人焉,有社稷焉,何必读书,然后为学?"子曰:"是故恶夫佞者。"

【译文】

子路让子羔去做费地的长官。孔子说："这简直是害人子弟。"子路说："那个地方有老百姓，有社稷，治理百姓和祭祀神灵都是学习，难道一定要读书才算学习吗？"孔子说："所以我讨厌那种花言巧语狡辩的人。"

【辩证解读】

◎孔子认为先学好礼乐才可以去做官，学问道德方面还没有做好准备就去做官是害人害己。

●子路的看法其实非常正确，读书是学习，但从实践中学习同样有效。孔子最后骂人似乎是理屈词穷。

11.26 子路、曾晳①、冉有、公西华侍坐。子曰："以吾一日长乎尔，毋吾以也。居②则曰：'不吾知也！'如或知尔，则何以哉？"子路率尔而对曰："千乘之国，摄乎大国之间，加之以师旅，因之以饥馑，由也为之，比③及三年，可使有勇，且知方也。"夫子哂之。"求，尔何如？"对曰："方六七十，如④五六十，求也为之，比及三年，可使足民。如其礼乐，以俟君子。""赤，尔何如？"对曰："非曰能之，愿学焉。宗庙之事，如会同，端章甫⑤，愿为小相⑥焉。""点，尔何如？"鼓瑟希，铿尔，舍瑟而作，对曰："异乎三子者之撰。"子曰："何伤乎？亦各言其志也。"曰："莫⑦春者，春服既成，冠者五六人，童子六七人，浴乎沂，风乎舞雩⑧，咏而归。"夫子喟然叹曰："吾与点也！"三子者出，曾晳后。曾晳曰："夫三子者之言何如？"子曰："亦各言其志也已矣。"曰："夫子何哂由也？"曰："为国以礼。其言不让，是故哂之。""唯求则非邦也与？""安见方六七十如五六十而非邦也者？”"唯赤则非邦也与？”"宗庙会同，非诸侯而何？赤也为之小，孰能为之大？”

【注释】

①曾皙：曾子的父亲，也是孔子的弟子。

②居：平时。

③比：bì，等到。

④如：或者。

⑤端章甫：端，礼服；章甫，礼帽。这里都作动词。

⑥相：xiàng，赞礼者。

⑦莫："暮"的古字。

⑧舞雩（yú）：求雨的台。

【译文】

子路、曾皙、冉有、公西华四个人陪孔子坐着。孔子说："我年龄比你们大一些，不要因为我年长而不敢说。你们平时总说：'没有人了解我呀！'假如有人了解你们，那你们要怎样去做呢？"子路赶忙回答："一个拥有一千辆兵车的国家，夹在大国中间，常常受到别的国家侵犯，加上国内又闹饥荒，让我去治理，只要三年，就可以使人们勇敢善战，而且懂得礼仪。"孔子听了，微微一笑。孔子又问："冉求，你怎么样呢？"冉求答道："国土有六七十里或五六十里见方的国家，让我去治理，三年以后，就可以使百姓饱暖。至于这个国家的礼乐教化，就要等君子来施行了。"孔子又问："公西赤，你怎么样？"公西赤答道："我不敢说能做到，而是愿意学习。在宗庙祭祀的活动中，或者在同别国的会盟中，我愿意穿着礼服，戴着礼帽，做一个小小的赞礼人。"孔子又问："曾点，你怎么样呢？"这时曾点弹瑟的声音逐渐放慢，接着"铿"的一声，离开瑟站起来，回答说："我想的和他们三位说的不一样。"孔子说:"那有什么关系呢?也就是各人讲自己的志向而已。"曾皙说:"暮春三月,已经穿上了春天的衣服,我和五六位成年人,六七个少年,去沂河里洗洗澡,在舞雩台上吹吹风,一路唱着歌走回来。"孔子长叹一声说:"我赞成曾皙的想法。"子路、冉有、公西华三个人都出去了,曾皙后走。他问孔子说:"他们三人的话怎么样?"孔子说:"也就是各自谈谈自己的志向罢了。"曾皙说:"夫子为什么要笑仲由呢?"孔子说:"治理国家要讲礼让,可是他说话一点儿也不谦让,所以我笑他。"曾皙又问:"那么是不是冉求讲的不是治理国家呢?"孔子说:"哪里见得六七十里或五六十里见方的地方就不是国家呢?"曾皙又问:"公西赤讲的不是治理国家吗?"孔子说:"宗庙祭祀和诸侯会盟,这不是诸侯的事又是什么?像赤这样的人如果只能做一个小相,那谁又能做大相呢?"

【辩证解读】

◎在孔子看来,前三个人所说的都没有谈到治国理政的根本上。他之所以只赞赏曾点的主张,就是因为曾点用形象的方法描绘了礼乐之邦的仁和景象,体现了"仁"和"礼"的治国原则,这就谈到了根本点上。

● 治国理政光靠礼乐是不可能富国强民的,子路说得非常正确,国家的安全是头等大事;冉求讲得也非常实在,治理国家人民的饱暖是关键。安全和温饱有了保障才可以谈礼乐之治。

颜渊篇第十二

12.1 颜渊问仁。子曰:"克己复礼①为仁。一日克己复礼,天下归仁焉。为仁由己,而由人乎哉?"颜渊曰:"请问其目。"子曰:"非②礼勿视,非礼勿听,非礼勿言,非礼勿动。"颜渊曰:"回虽不敏,请事斯语矣。"

【注释】

① 克己复礼:克制自己按礼节行事。

② 非:不合乎礼节的事情。

【译文】

颜渊问怎样做才是仁。孔子说:"克制自己,一切都照着礼的要求去做,这就是仁。一旦这样做了,天下的一切就都归于仁了。实行仁德,完全在于自己,难道还在于别人吗?"颜渊说:"请问实行仁的条目。"孔子说:"不合于礼的不要看,不合于礼的不要听,不合于礼的不要说,不合于礼的不要做。"颜渊说:"我虽然愚笨,也要照您的这些话去做。"

【辩证解读】

◎孔子认为,想要达到仁德境界必须按照礼的标准要求自己,克制自己的欲望,控制自己的言行。

● 孔子所坚持的周礼在那个时候就已经过时,用已经过时的礼来约束人们的思想和行为是非常困难的。

12.2 仲弓问仁。子曰："出门如见大宾，使民如承大祭；己所不欲，勿施于人；在邦无怨，在家无怨。"仲弓曰："雍虽不敏，请事斯语矣。"

【译文】

仲弓问怎样做才是仁。孔子说："出门办事如同去接待贵宾，使唤百姓如同去进行重大的祭祀（都要认真严肃）；自己不愿意要的，不要强加于别人；做到在诸侯的朝廷上没人怨恨（自己），在卿大夫的封地里也没人怨恨（自己）。"仲弓说："我虽然笨，也要照您的话去做。"

【辩证解读】

◎孔子认为，出门办事要庄重，不要随便使唤百姓。要宽以待人，"己所不欲，勿施于人"。在外不要结怨于人，在家也不怨天尤人。

◉出门办普通的事，见普通或亲近的人没必要"如见大宾"。

12.3 司马牛问仁。子曰："仁者，其言也讱①。"曰："其言也讱，斯谓之仁已乎？"子曰："为之难，言之得无讱乎？"

【注释】

① 讱：慎重。

【译文】

司马牛问怎样做才是仁。孔子说："仁人说话是慎重的。"司马牛说："说话慎重，这就叫作仁了吗？"孔子说："做起来很困难，说起来能不慎重吗？"

【辩证解读】

◎孔子认为，想做有仁德之人说话必须谨慎，因为做事情不易，想说到做到，说的时候就不能随意。

◉做事时行动前自由轻松的表达、相互间无拘无束的交流能够使行动成功的可能性加大。太过谨慎就成了胆怯。

12.4 司马牛问君子。子曰:"君子不忧不惧。"曰:"不忧不惧,斯谓之君子已乎?"子曰:"内省不疚,夫何忧何惧?"

【译文】

司马牛问怎样做一个君子。孔子说:"君子不忧愁,不恐惧。"司马牛说:"不忧愁,不恐惧,这样就可以叫作君子了吗?"孔子说:"自己问心无愧,那还有什么忧愁和恐惧呢?"

【辩证解读】

◎据说,司马牛是宋国大夫桓魋的弟弟。桓魋在宋国犯上作乱,遭到宋国当权者的打击,全家被迫出逃。司马牛逃到鲁国,拜孔子为师,并声称桓魋不是他的哥哥。所以此处孔子回答司马牛问怎样做才是君子的问题,这是有针对性的,即不忧不惧、问心无愧。

● "不忧不惧"恐怕只能针对司马牛而言,少心没肺、胆大妄为的人通常会无所忧愁、无所畏惧。

12.5 司马牛忧曰:"人皆有兄弟,我独亡①。"子夏曰:"商闻之矣:死生有命,富贵在天。君子敬而无失,与人恭而有礼,四海之内,皆兄弟也。君子何患乎无兄弟也?"

【注释】

① 亡:没有。

【译文】

司马牛忧愁地说:"别人都有兄弟,唯独我没有。"子夏说:"我听说过:死生有命,富贵在天。君子只要对待所做的事情严肃认真,不出差错,对人恭敬而合乎于礼的规定,那么,天下人就都是自己的兄弟了。君子何愁没有兄弟呢?"

【辩证解读】

◎司马牛不认自己犯上作乱的哥哥了，子夏劝慰司马牛，说只要自己的言行符合于"礼"，那就会赢得天下人的称赞，就不必发愁自己没有兄弟，"四海之内皆兄弟也"。

● 品德高尚的人经常会让人觉得难以接近，从而自己也生出孤独之感。

12.6 子张问明。子曰："浸润之谮①，肤受之愬②，不行焉，可谓明也已矣。浸润之谮，肤受之愬，不行焉，可谓远也已矣。"

【注释】

① 谮：zèn，谗言。

② 愬：sù，通"诉"，此处指"诬告"。

【译文】

子张问怎样做才算是明智的。孔子说："像水润物那样暗中挑拨的坏话，像切肤之痛那样直接的诽谤，在你那里都行不通，那你可以算是明智的了。暗中挑拨的坏话和直接的诽谤，在你那里都行不通，那你可以算是有远见的了。"

【辩证解读】

◎孔子认为，一个所谓明智的人，即使暗中挑拨的坏话和直接的诽谤之语都不能够影响他的思想和行为。

● 三人成虎，如果是不断有人来说同样的坏话和诽谤之语，明智的人真的不会受蛊惑吗？成为一个明智的人其实也很不容易。

12.7 子贡问政。子曰："足食，足兵，民信之矣。"子贡曰："必不得已而去，于斯三者何先？"曰："去兵。"子贡曰："必不得已而去，于斯二者何先？"曰："去食。自古皆有死，民无信不立。"

【译文】

子贡问怎样治理国家。孔子说:"粮食充足,军备充足,老百姓信任统治者。"子贡说:"如果不得不去掉一项,那么在三项中先去掉哪一项呢?"孔子说:"去掉军备。"子贡说:"如果不得不再去掉一项,那么这两项中去掉哪一项呢?"孔子说:"去掉粮食。自古以来人总是要死的,如果老百姓对统治者不信任,那么国家就不能存在了。"

【辩证解读】

◎孔子认为,诚信是做人的根本,也是立国的根本。

◉安全和温饱是人最基本的需求,人的生存都无法保证的时候讲诚信是没用的。极端环境下的人相食连禽兽都不如,谈何诚信。

12.8 棘子成①曰:"君子质而已矣,何以文为?"子贡曰:"惜乎,夫子之说君子也。驷不及舌。文犹质也,质犹文也。虎豹之鞟②犹犬羊之鞟。"

【注释】

① 棘子成:卫国大夫。

② 鞟:kuò,去了毛的兽皮。

【译文】

棘子成说:"君子只要具有好的品质就行了,要那些表面的仪式干什么呢?"子贡说:"真遗憾,夫子您这样谈论君子。一言既出,驷马难追。本质就像文采,文采就像本质,都是同等重要的。去掉了毛的虎皮、豹皮,就如同去掉了毛的犬皮、羊皮一样。"

【辩证解读】

◎棘子成认为,作为君子只要有好的品质就可以了,不需要外表的文采。但子贡反对这种说法。他的意思是,良好的本质应当有适当的表现形式,否则,本质再好也无法显现出来。

● 子贡的比喻不甚恰当,脱了毛的虎豹之皮与同样脱了毛的犬羊之皮其质地天上地下,大不一样。因此,还是本质更为重要。

12.9 哀公问于有若曰:"年饥,用①不足,如之何?"有若对曰:"盍彻乎?"曰:"二,吾犹不足,如之何其彻也?"对曰:"百姓足,君孰与不足?百姓不足,君孰与足?"

【注释】

① 用:国家用度。

【译文】

鲁哀公问有若说:"遭了饥荒,国家用度困难,怎么办?"有若回答说:"为什么不实行彻法,只抽十分之一的田税呢?"哀公说:"现在抽十分之二我还不够,怎么能实行彻法呢?"有若说:"如果百姓的用度够,您怎么会不够呢?如果百姓的用度不够,您怎么又会够呢?"

【辨证解读】

◎鲁国所征的田税是十分之二的税率,即使如此,国家的财政仍然是十分紧张的。这里,有若的观点是,削减田税的税率,改行"彻税",即什一税率,使百姓减轻经济负担。只要百姓富足了,国家就不可能贫穷。

● 国富民穷和国穷民富都是国家财政税收政策出现偏差的表现,理想的状态是国强民富。

12.10 子张问崇德辨惑①。子曰:"主忠信,徙②义,崇德也。爱之欲其生,恶之欲其死,既欲其生,又欲其死,是惑也。'诚不以富，亦祇以异。'③"

【注释】

① 崇德辨惑：提高道德修养和辨别是非的能力。

② 徙：符合。

③ 诚不以富，亦祇以异：见《诗经·小雅·我行其野》。

【译文】

子张问怎样提高道德修养水平和辨别是非迷惑的能力。孔子说："以忠信为主，使自己的思想合于义，这就是提高道德修养水平了。爱一个人，就希望他活下去，厌恶起来就恨不得他立刻死去，既要他活，又要他死，这就是迷惑。'即使不是嫌贫爱富，也是喜新厌旧。'"

【辩证解读】

◎孔子认为，人们只要按照"忠信""仁义"的原则去办事，就会提高道德修养水平和辨别是非迷惑的能力。否则，感情用事就会陷于迷惑之中。

●"忠信""仁义"只能保证大方向正确，涉及具体的事务还是需要有较强的分析问题和解决问题的能力。

12.11 齐景公问政于孔子。孔子对曰："君君，臣臣，父父，子子。"公曰："善哉！信如君不君，臣不臣，父不父，子不子，虽有粟，吾得而食诸？"

【译文】

齐景公问孔子如何治理国家。孔子说："做君主的要像君主的样子，做臣子的要像臣子的样子，做父亲的要像父亲的样子，做儿子的要像儿子的样子。"齐景公说："讲得好呀！如果君不像君，臣不像臣，父不像父，子不像子，虽然有粮食，我能吃得上吗？"

【辩证解读】

◎在孔子那个时代,等级名分受到破坏,弑君弑父之事屡有发生,孔子认为这是国家动乱的主要原因。所以他告诉齐景公,"君君、臣臣、父父、子子",恢复这样的等级秩序,国家就可以得到治理。

● 人们对权力的渴望和追逐靠道德说教是不可能抑制的,只有依靠法律和制度的约束,才有可能使权力的承继有序而非暴力。

12.12 子曰:"片言①可以折狱②者,其由也与?"子路无宿诺③。

【注释】

① 片言:单方面的供词。

② 折狱:判案。

③ 宿诺:拖延诺言。

【译文】

孔子说:"只听了单方面的供词就可以判决案件的,大概只有仲由吧。"子路说话没有不算数的时候。

【辩证解读】

◎子路明决,凭单方面的陈述就可以做出判断;子路重诺言,有信用。

● 听一面之词就断案太不慎重了。

12.13 子曰:"听讼①,吾犹人也。必也使无讼乎!"

【注释】

① 听讼:审理案件。孔子曾任治理刑事的大司寇。

【译文】

孔子说:"审理诉讼案件,我同别人也是一样的。重要的是必须使诉讼的案件根本不发生!"

【辩证解读】

◎孔子希望法律和刑法压根就不需要发挥作用。

●有人群的地方就需要有秩序,需要秩序就必须有法律。

12.14 子张问政。子曰:"居之无倦,行之以忠。"

【译文】

子张问如何治理政事。孔子说:"居于官位不懈怠,执行君令要忠实。"

【辩证解读】

◎身居官位就要勤政,并努力地执行君王的思想和命令。

●昏君、愚君常有,愚忠常会害国、害民。

12.15 子曰:"博学于文,约之以礼,亦可以弗畔矣夫!"

【译文】

孔子说:"多学习文化知识,用礼约束自己的行为,就可以少犯错误。"

【辩证解读】

◎多学习,讲政治,守规矩,就可以不犯或少犯错误。

●完全不犯错误的人没有,重要的是守本分,知法守法,不断完善自我。

12.16 子曰:"君子成人之美,不成人之恶。小人反是。"

【译文】

孔子说:"君子成全别人的好事,而不助长别人的恶处。小人则与此相反。"

【辩证解读】

◎这里体现的还是"己欲立而立人,己欲达而达人""己所不欲,勿施于人"的精神。

● 坏人或敌人的好事就不能成全。

12.17 季康子问政于孔子。孔子对曰:"政者正也。子帅以正,孰敢不正?"

【译文】

季康子问孔子如何治理国家。孔子回答说:"政就是正的意思。您本人带头走正路,那么还有谁敢不走正道呢?"

【辩证解读】

◎为官者重要的是正人先正己。只要有官职的人能够正己,那么手下的大臣和平民百姓,就都会归于正道。

● 为官者洁身自好,自己身正是不够的,身教仅仅是一部分,还需要通过政策和法律的正确实施和实现,去规范手下的人及老百姓。

12.18 季康子患盗,问于孔子。孔子对曰:"苟子之不欲,虽赏之不窃。"

【译文】

季康子担忧盗窃,问孔子怎么办。孔子回答说:"假如你自己不贪图财利,即使奖励偷窃,也没有人偷窃。"

【辩证解读】

◎这里讲的还是为政者要正人先正己的道理,自己不贪财图利,老百姓中间也就没有盗窃之人。

● 执政者的榜样和道德教育的作用是有限的,还需要通过制度和法律约束人们的行为。

12.19 季康子问政于孔子曰:"如杀无道,以就有道,何如?"孔子对曰:"子为政,焉用杀?子欲善而民善矣。君子之德风,人小之德草,草上之风,必偃①。"

【注释】

① 偃:倒。

【译文】

季康子问孔子如何治理政事,说:"如果杀掉无道的人来成全有道的人,怎么样?"孔子说:"您治理政事,哪里用得着杀戮的手段呢?您只要想行善,老百姓也会跟着行善。在位者的品德好比风,在下面的人的品德好比草,风吹到草上,草就必定跟着倒。"

【辩证解读】

◎孔子反对杀人,主张"德政"。在上位的人只要善理政事,百姓就不会犯上作乱。执政者只要能够行善,就会带动老百姓,就会营造良好的社会风气。

● 上层社会确实能够在某种程度上引领社会风气,但社会秩序的确立和维护在道德之外还需要制度和法律。千百年来中国一直施行死刑,足见其震慑作用不可或缺。

12.20 子张问:"士何如斯可谓之达矣?"子曰:"何哉,尔所谓达者?"子张对曰:"在邦必闻,在家必闻。"子曰:"是闻也,非达也。夫达也者,质直而好义,察言而观色,虑以下人。在邦必达,在家必达。夫闻也者,色取仁而行违,居之不疑。在邦必闻,在家必闻。"

【译文】

子张问:"士怎样才可以叫作达?"孔子说:"你说的通达是什

么意思?"子张答道:"在国君的朝廷里必定有名望,在大夫的封地里也必定有名声。"孔子说:"这只是虚假的名声,不是达。所谓达,就是要品质正直,所行合义,善于揣摩别人的话语,观察别人的脸色,经常想着谦恭待人。这样的人,就可以在国君的朝廷和大夫的封地里通达。至于有虚假名声的人,只是外表上装出仁的样子,而行动上却违背了仁,自己还以仁人自居不惭愧。但他不论在国君的朝廷里,还是在大夫的封地里,都必定会有名声。"

【辨证解读】

◎孔子提出了"闻"与"达"的命题。"闻"是虚假的名声,并不是达;而"达"则要求士大夫必须从内心深处具备仁、义、礼的德行,注重自身的道德修养,体谅他人,善待他人,而不是徒有虚名的伪君子。这里同样讲的是名实相符、表里如一的问题。

● 子张问的是如何出名,如何让别人知道自己、认识自己的问题。孔子将这个问题上升到了道德的层面。

12.21 樊迟从游于舞雩之下,曰:"敢问崇德,修慝[1],辨惑。"子曰:"善哉问!先事后得,非崇德与?攻其恶,无攻人之恶,非修慝与?一朝之忿,忘其身,以及其亲,非惑与?"

【注释】

① 修慝(tè):修,修理、整理;慝,心中的怨恨。修慝,消除心中的怨恨。

【译文】

樊迟陪着孔子在舞雩台下散步,他说:"请问怎样才能提高品德修养,改正自己的邪念,辨别迷惑?"孔子说:"问得好!先努力致力于事,然后才有所收获,这不就是提高品德了吗?批评自己的过错,不攻击别人的过错,这不就是改正自己的邪念了吗?

由于一时的气愤，就忘记了自身的安危，以至于牵连自己的亲人，这不就是迷惑吗？"

【辩证解读】

◎要提高道德修养水平，首先在于踏踏实实地做事，不要过多地考虑好处和利益；然后严于律己，常思己过，不要过多地挑别人的毛病；还要注意克服感情冲动的毛病，不要以自身和家人的安危作为代价发泄怒气。这样，人就可以提高道德水平，改正邪念，辨别迷惑了。

◉常规的、日常的事"先事后得"无疑是正确的，但涉及家国大事就要思前想后，要做好规划、策划，对过程、步骤、结果和效果进行预测和推演。使用人才及安排工作的时候也要考虑手下人的优势和缺点，不能一味地遵循好人主义。对邪恶的人和事该表达愤怒的时候也不能一味地规避而求自保。

12.22 樊迟问仁。子曰："爱人。"问知。子曰："知人。"樊迟未达。子曰："举直错诸枉，能使枉者直。"樊迟退，见子夏曰："乡①也吾见于夫子而问知，子曰'举直错诸枉，能使枉者直'，何谓也？"子夏曰："富哉言乎！舜有天下，选于众，举皋陶②，不仁者远矣。汤有天下，选于众，举伊尹，不仁者远矣。"

【注释】

①乡：通"向"，刚才。

②皋陶：gāoyáo，舜的臣子。

【译文】

樊迟问什么是仁。孔子说："爱人。"樊迟问什么是智。孔子说："了解人。"樊迟还不明白。孔子说："选拔正直的人，罢黜邪恶的人，这样就能使邪者归正。"樊迟退出来，见到子夏说："刚才我见到老师，问他什么是智，他说：'选拔正直的人，罢黜邪恶的人,这样就能使邪者归正。'这是什么意思?"子夏说:"这话说得多么深刻呀!舜有天下,在众人中挑选人才,把皋陶选拔出来,不仁的人就被疏远了。汤有了天下,在众人中挑选人才,把伊尹选拔出来,不仁的人就被疏远了。"

【辩证解读】

◎孔子在此处认为"仁"就是"爱人",他对"仁"似乎有多种解释,实际上孔子在各处对仁的解释都有内在的联系。他所说的爱人,包含有古代的人文主义精神,把仁作为他全部学说的对象和中心。正如著名学者张岂之先生所说,儒学即仁学。关于智,孔子认为是要了解人,选拔贤才,罢黜邪才。

●"爱人"对最高统治者而言是爱民,对君子而言恐怕还有忠君的部分。孔子此处应该是针对最高统治者而言的。关于智,完全靠统治者自己去了解人,然后选拔贤才,罢黜邪才也是靠不住的。选拔和任用人才需要有科学合理的制度保障。

12.23 子贡问友。子曰:"忠告而善道之,不可则止,毋自辱也。"

【译文】

子贡问怎样对待朋友。孔子说:"忠诚地劝告他,恰当地引导他,如果不听也就罢了,不要自取其辱。"

【辩证解读】

◎对待朋友的错误,要开诚布公地劝导他,推心置腹地讲明利害关系,但他坚持不听,也就作罢。如果别人不听,你一再劝告,就会自取其辱。

●既开诚布公地劝导,又推心置腹地分析利害,可朋友还是不听。为什么会结交这样的朋友呢?看来是择友观出现了偏差。既然是朋友,信任也很关键。如此朋友，不交也罢。

12.24 曾子曰："君子以文会友，以友辅仁。"

【译文】

曾子说："君子以文章学问来结交朋友，依靠朋友帮助自己培养仁德。"

【辩证解读】

◎曾子主张以文章学问作为结交朋友的手段，以互相帮助培养仁德作为结交朋友的目的。

● 曾子的交友主张只适合文人及社会上层，对一般人而言，气味相投且有共同的事情一起做就可以成为好朋友。

子路篇第十三

13.1 子路问政。子曰："先之劳之①。"请益②。曰："无倦。"

【注释】

① 之：代词，指老百姓。

② 益：多一些。

【译文】

子路问怎样管理政事。孔子说："做在老百姓之前，使老百姓勤劳。"子路请求多讲一点儿。孔子说："不要懈怠。"

【辩证解读】

◎孔子此处所讲是为官从政最基本的原则，即尽职守，让老百姓勤劳。

● 老百姓为了自己生活下去，生活得好，绝大部分人都是勤劳的。仅仅实现这个目标并不需要当政者做什么工作。

13.2 仲弓为季氏宰，问政。子曰："先有司①，赦小过，举贤才。"曰："焉知贤才而举之？"曰："举尔所知。尔所不知，人其舍诸？"

【注释】

① 有司：各司其职。

【译文】

仲弓做了季氏的家臣，问怎样管理政事。孔子说："先责成手下负责具体事务的官吏,让他们各负其责,赦免他们的小过错,选拔贤才来任职。"仲弓又问:"怎样才能知道是贤才而把他们选拔出来呢?"孔子说:"选拔你所知道的。至于你不知道的贤才,别人难道还会埋没他们吗?"

【辩证解读】

◎孔子在此处叮嘱仲弓先放手让手下的人做事,不要在意他们的小错,然后需要重视的就是选拔贤才。仲弓深知选拔贤才之难,孔子的意思是只选拔自己所知道的贤才。

● 孔子此处所讲的是为官从政应该注意的两个方面,即放权与选贤任能。关于选才,仲弓的担心其实是真实存在的,只选拔自己所知道、所了解的人必然会埋没大量人才,而且会形成小圈子。

13.3 子路曰:"卫君待子为政,子将奚先?"子曰:"必也正名乎!"子路曰:"有是哉,子之迂也!奚其正?"子曰:"野哉,由也!君子于其所不知,盖阙如也。名不正则言不顺,言不顺则事不成,事不成则礼乐不兴,礼乐不兴则刑罚不中,刑罚不中,则民无所措手足。故君子名之必可言也,言之必可行也。君子于其言,无所苟而已矣。"

【译文】

子路(对孔子)说:"卫国国君要您去治理国家,您打算先从哪些事情做起呢?"孔子说:"首先必须正名分。"子路说:"有这样做的吗?您想得太不合时宜了。这名怎么正呢?"孔子说:"仲由,真粗野啊!君子对于他所不知道的事情,总是采取存疑的态度。名分不正,说起话来就不顺当合理,说话不顺当合理,事情就办不成,事情办不成,礼乐也就不能兴盛,礼乐不能兴盛,刑罚的执行就不会得当,刑罚不得当,百姓就不知该怎么办才好。

所以，君子一定要定下一个名分，必须能够说得明白，说出来一定能够行得通。君子对于自己的言行，是从不马马虎虎对待的。"

【辩证解读】

◎孔子认为治国理政最重要的问题是"正名"。"正名"是孔子"礼"的思想的组成部分。正名的具体内容就是"君君、臣臣、父父、子子"，只有"名正"才可以做到"言顺"，接下来的事情就迎刃而解了。

● 子路的判断其实是正确的，在当时的卫国想要"正名"就是一种迂腐而不切实际的想法。

13.4 樊迟请学稼。子曰："吾不如老农。"请学为圃。曰："吾不如老圃。"樊迟出。子曰："小人哉，樊须也！上好礼，则民莫敢不敬；上好义，则民莫敢不服；上好信，则民莫敢不用情。夫如是，则四方之民襁负其子而至矣，焉用稼？"

【译文】

樊迟向孔子请教如何种庄稼。孔子说："我不如老农。"樊迟又请教如何种菜。孔子说："我不如老菜农。"樊迟退出以后，孔子说："樊迟真是小人！在上位者只要重视礼，老百姓就不敢不敬畏；在上位者只要重视义，老百姓就不敢不服从；在上位者只要重视信，老百姓就不敢不用真心来对待你。要是做到这样，四面八方的老百姓就会背着自己的小孩来投奔，哪里用得着自己去种庄稼呢？"

【辩证解读】

◎孔子毫不客气地指责想学种庄稼和种菜的樊迟是小人，从这里可以清楚地看出他的教育思想。他认为，在上位的人哪里需要学习种庄稼、种菜之类的知识，只要重视礼、义、信就足够了。他培养学生，不是为了以后去种庄稼、种菜，而是为了从政做官。

● 孔子说樊迟是小人有失公允，当时最重要的就是农事，为政者治下也主要是农民，不了解农事怎么可以了解农民，对治下人民的生活、生产不了解怎么可能做一个好官。

13.5 子曰："诵《诗》三百，授之以政，不达；使于四方，不能专对。虽多，亦奚以为？"

【译文】

孔子说："把《诗经》三百篇背得很熟，让他处理政务，却不会办事；让他当外交使节，却不能独立地交涉。背得很多，又有什么用呢？"

【辩证解读】

◎《诗经》，也是孔子教授学生的主要内容之一。他教学生诵《诗经》，不单纯是为了诵《诗经》，而是为了把《诗经》的思想运用到指导政治活动之中。

● 背《诗经》多了有益于从政应该是肯定的，但《诗经》对从政的影响恐怕没有儒家所想象的那么大。

13.6 子曰："其身正，不令而行；其身不正，虽令不从。"

【译文】

孔子说："自身正了，即使不发布命令，老百姓也会去干；自身不正，即使发布命令，老百姓也不会服从。"

【辩证解读】

◎ 为官当政者首先要正己，自己身正，老百姓就会愿意服从。

● 为官当政者自己身正只是治国理政的前提和基础，需要做的事情太多了。

13.7 子曰:"鲁、卫之政,兄弟也。"

【译文】

孔子说:"鲁和卫两国的政事,就像兄弟一样。"

【辩证解读】

◎鲁国是周公旦的封地,卫国是康叔的封地,周公旦和康叔是兄弟,当时两国的政治情况有些相似,所以,孔子说鲁国的国事和卫国的国事,就像兄弟一样。

◉龙生九子,各有所好!虽是亲兄弟,但也是两个国家,国事还是会有差别的。任何两个国家的国事也都会有相似之处,无非相似程度不同而已。

13.8 子谓卫公子荆:"善居室。始有,曰:'苟合①矣。'少有,曰:'苟完矣。'富有,曰:'苟美矣。'"

【注释】

① 合:通"洽",合适。

【译文】

孔子谈到卫国的公子荆时说:"他善于管理经济,居家理财。刚开始有一点儿,他说:'差不多也就够了。'稍微多一点儿时,他说:'差不多就算完备了。'更多一点儿时,他说:'差不多算是完美了。'"

【辩证解读】

◎孔子对卫国公子荆的居家理财之道和财富观极其赞赏。

◉公子荆的理财观容易让人产生夸大或吹嘘的印象,明明只有一点儿时,他说差不多就够了。当然,换个角度理解,也许他对物质追求不多,是为了激励自己向更大目标奋进!

13.9 子适①卫,冉有仆②。子曰:"庶③矣哉!"冉有曰:"既庶矣,又何加焉?"曰:"富之。"曰:"既富矣,又何加焉?"曰:"教之。"

【注释】

① 适:到……去。

② 仆:动词,驾车。

③ 庶:人口密集。

【译文】

孔子到卫国去,冉有为他驾车。孔子说:"人口真多呀!"冉有说:"人口已经够多了,还要再做什么呢?"孔子说:"使他们富起来。"冉有说:"富了以后又要做些什么呢?"孔子说:"对他们进行教化。"

【辩证解读】

◎孔子提出"富民"和"教民"的思想,而且是"先富后教"。

●富了再去教化,估计不太容易,很多富人为富不仁,拒绝学习,拒绝教化,或许他们的财富就不是通过正道积累起来的,又如何会接受教化呢?知识也能创造财富,不如先教后富。在解决了温饱的情况下,首先教化,再去致富,那样才能真正提高国民素质。

13.10 子曰:"苟有用我者,期月①而已可也,三年有成。"

【注释】

① 期月:一年。

【译文】

孔子说:"如果有人让我治理国家,一年便可以搞出个样子,三年就一定会有成效。"

【辩证解读】

◎孔子对治国理政非常有信心。

◉孔子太想当官了,可惜怀才不遇。

13.11 子曰:"善人为邦百年,亦可以胜残去杀矣。"诚哉是言也!

【译文】

孔子说:"善人治理国家,经过一百年,也就可以消除残暴,废除刑罚和杀戮了。"这话说得真对呀!

【辩证解读】

◎孔子认为,善人需要一百年的时间,可以"胜残去杀",完全实现德治仁治,进入他所想象的理想社会。

◉有人群的地方就会有残暴,法律必须有,刑罚也不可无。

13.12 子曰:"如有王者,必世①而后仁。"

【注释】

① 世:三十年为一世。

【译文】

孔子说:"如果有王者兴起,也一定要三十年才能实现仁政。"

【辩证解读】

◎仁政的形成不是一朝一夕的事情,需要逐步积累,循序渐进。

◉孔子理想中的仁政可能需要更长的时间,甚至于压根就实现不了。

13.13 子曰:"苟正其身矣,于从政乎何有?不能正其身,如正人何?"

【译文】

孔子说:"如果端正了自身的行为,管理政事还有什么困难呢?如果不能端正自身的行为,怎能使别人端正呢?"

【辩证解读】

◎孔子反复强调正人先正己的为官之道。

● 端正了自身固然是带了个好头,但是政事不会因为这个单一因素管理起来就简单了。

13.14 冉子退朝。子曰:"何晏也?"对曰:"有政。"子曰:"其事也?如有政,虽不吾以,吾其与①闻之。"

【注释】

① 与:yù,参与。

【译文】

冉求退朝回来了。孔子说:"为什么回来得这么晚呀?"冉求说:"有政事。"孔子说:"只是一般的事务吧?如果有政事,虽然国君不用我了,我也会知道的。"

【辩证解读】

◎孔子极其关注政事。

● 孔子倡导"不在其位,不谋其政",但他自己不为官时也对政事表现出了异乎寻常的关注。

13.15 定公问:"一言而可以兴邦,有诸?"孔子对曰:"言不可以若是其几①也。人之言曰:'为君难,为臣不易。'如知为君之难也,不几乎一言而兴邦乎?"曰:"一言而丧邦,有诸?"孔子对曰:"言不可以若是其几也。人之言曰:'予无乐乎为君,唯其言而莫予违也。'如其善而莫之违也,不亦善乎?如不善而莫之违也,不几乎一言而丧邦乎?"

【注释】

① 几:jī,期望。

【译文】

鲁定公问:"一句话就可以使国家兴盛,有这样的话吗?"孔子答道:"对于言语不可有这样的期望。有人说:'做君主难,做臣子不易。'如果知道了做君主的难,这不接近于一句话可以使国家兴盛吗?"鲁定公又问:"一句话可以亡国,有这样的话吗?"孔子回答说:"对于言语不可有这样的期望。有人说过:'我做君主并没有什么可高兴的,我所高兴的只在于我所说的话没有人敢于违抗。'如果说得对而没有人违抗,不也很好吗?如果说得不对而没有人违抗,那不就接近于一句话可以亡国吗?"

【辩证解读】

◎对于鲁定公的提问,孔子实际上做了肯定的回答。他劝告定公,应当行仁政、礼治,不应以国君所说的话无人敢于违抗而感到高兴,这是值得注意的。作为在上位的统治者,一个念头、一句话如果不当,就有可能导致亡国丧天下的结局。

● 国家的兴亡有各种各样的原因,一般是多种因素共同发生作用,而且也是一个比较漫长的过程。一句话不一定能决定一个国家的兴亡。

13.16 叶公问政。子曰:"近者悦,远者来①。"

【注释】

① 来:归附。

【译文】

叶公问孔子怎样管理政事。孔子说:"使近处的人高兴,使远处的人来归附。"

【辩证解读】

◎在孔子看来，政治成败的关键就是得人心，让近处的人都满意，让远处的人来投奔。

●再完美的政治家也不可能让所有的人都满意，让大部分人满意就不错了。远方的人来投奔，也许是有利可图，也许是原居住地有天灾人祸。

13.17 子夏为莒父①宰，问政。子曰："无欲速，无见小利。欲速则不达，见小利则大事不成。"

【注释】

① 莒父：鲁国一邑。

【译文】

子夏做莒父的总管，问孔子怎样办理政事。孔子说："不要求快，不要贪求小利。求快反而达不到目的，贪求小利就做不成大事。"

【辩证解读】

◎"欲速则不达"包含着辩证思想，孔子要求子夏从政不要急功近利，否则就无法达到目的；不要贪求小利，否则就做不成大事。

●做事应该有科学的规划和计划，应该统筹安排，做事宜快还是宜慢应该视情况而定。为自己贪图小利是错误的，但为自己的服务对象贪图小利未必错误，"积小胜为大胜"在某些情况下是一种不错的策略。

13.18 叶公语孔子曰："吾党①有直躬者，其父攘②羊，而子证③之。"孔子曰："吾党之直者异于是：父为子隐，子为父隐，直在其中矣。"

【注释】

① 党：家乡。

② 攘：偷。

③ 证：检举，告发。

【译文】

叶公对孔子说："我的家乡有个正直的人，他的父亲偷了人家的羊，他告发了父亲。"孔子说："我家乡正直的人和你讲的正直的人不一样：父亲为儿子隐瞒，儿子为父亲隐瞒，正直就在其中了。"

【辩证解读】

◎孔子认为"父为子隐，子为父隐"就具有了"直"的品格。父亲偷了羊，做儿子的也不应该告发。看来，他把正直的道德纳入"孝"与"慈"的范畴之中了，一切都要服从"礼"的规定。

● 父亲犯罪，儿子知情不报在现代是一种犯罪，在中国历史上的许多朝代也是倡导"大义灭亲""法不容情"的。

13.19 樊迟问仁。子曰："居处恭，执事敬，与人忠。虽之①夷狄，不可弃也。"

【注释】

① 之：到，去。

【译文】

樊迟问怎样才是仁。孔子说："平常在家规规矩矩，办事严肃认真，待人忠心诚实。即使到了夷狄之地，也不可背弃。"

【辩证解读】

◎这是孔子对"仁"的解释，是以"恭""敬""忠"三个德目为基本内涵。在家恭敬有礼，即符合孝悌的道德要求；办事严肃谨慎，即符合"礼"的要求；待人忠厚诚实，显示出仁德的本色。

◉ 到了夷狄之地可能需要有所变通，所谓入乡随俗。

13.20 子贡问曰："何如斯可谓之士矣？"子曰："行己有耻，使于四方，不辱君命，可谓士矣。"曰："敢问其次。"曰："宗族称孝焉，乡党称弟焉。"曰"敢问其次。"曰："言必信，行必果，硁硁①然小人哉！抑亦可以为次矣。"曰："今之从政者何如？"子曰："噫！斗筲②之人，何足算也？"

【注释】

① 硁硁：kēng，形容浅陋固执。

② 筲：shāo，饭筐。斗筲之人，指气度狭小之人。

【译文】

子贡问道："怎样才可以叫作士？"孔子说："自己在做事时有知耻之心，出使外国各方，能够完成君主交付的使命，可以叫作士。"子贡说："请问次一等的呢？"孔子说："宗族中的人称赞他孝顺父母，乡党们称他尊敬兄长。"子贡又问："请问再次一等的呢？"孔子说："说到一定做到，做事一定坚持到底，不问是非地固执己见，那是小人啊！但也可以说是再次一等的士了。"子贡说："现在的执政者，您看怎么样？"孔子说："唉！这些器量狭小的人，哪里值得一提呢？"

【辩证解读】

◎孔子认为，"士"首先应该是有知耻之心、不辱君命的人，能够担负一定的国家使命。其次是孝敬父母、顺从兄长的人。再次才是"言必信，行必果"的人。至于现在的当政者，他认为是器量狭小的人，根本算不得士。他所培养的就是具有前两种品德的"士"。

◉ 孔子关于"士"的认知不能说是错误的，但作为"士"应该是为了国家利益、民族大义敢于冒各种危险，甚至不惜牺牲自己的生命，而这一点与孔子的保命哲学是相抵触的。

13.21 子曰："不得中行①而与之，必也狂狷②乎！狂者进取，狷者有所不为也。"

【注释】

① 中行：奉行中庸之道。

② 狷：juàn，洁身自好。

【译文】

孔子说："我找不到奉行中庸之道的人和他交往，只能与狂者、狷者相交往了！狂者敢作敢为，狷者对有些事是不肯干的。"

【辩证解读】

◎ "狂"与"狷"是两种对立的品质。一是流于冒进，进取，敢作敢为；一是流于退缩，不敢作为。孔子赞同的是中行，就是不偏于狂，也不偏于狷。

⊙ 在任何时候，面对任何事情都做到中行是比较困难的，该狂的时候要狂，需狷的时候则狷。

13.22 子曰："南人①有言曰：'人而无恒，不可以作巫医。'善夫！""不恒②其德，或承之羞。"子曰："不占而已矣。"

【注释】

① 南人：南方人。

② 恒：动词，永久保持。

【译文】

孔子说："南方人有句话说：'人如果做事没有恒心，就不能当巫医。'这句话说得真好啊！""人不能长久地保持自己的德行，免不了要遭受耻辱。"孔子说："（这句话是说，没有恒心的人）用不着去占卦了。"

【辩证解读】

◎孔子在这里讲了两层意思：一是人必须有恒心，这样才能成就事业。二是人必须恒久保持德行，否则就可能遭受耻辱。

●恒久保持德行肯定没错，但是不能恒久保持德行就要承羞，难免有道德绑架之嫌。真正的德行是内化于心、外化于行的，不会发生改变。

13.23 子曰："君子和①而不同②，小人同而不和。"

【注释】

① 和：和谐。表现在君臣关系上，就是臣子赞成君主的正确意见。

② 同：盲从。

【译文】

孔子说："君子讲求和谐而不同流合污，小人只求完全一致，而不讲求协调。"

【辩证解读】

◎君子可以与他周围的人保持和谐融洽的关系，但他对待任何事情都必须经过自己大脑的独立思考，从来不愿人云亦云，盲目附和；小人没有自己独立的见解，只求与别人完全一致，而不讲求原则，但他却与别人不能保持融洽友好的关系。

●君子和小人在一起是很难求得和谐的，善人和坏人很难保持融洽的关系。因此，和谐需要合适的对象，和谐是有条件的，也是有限的。

13.24 子贡问曰："乡人皆好之，何如？"子曰："未可也。""乡人皆恶之，何如？"子曰："未可也。不如乡人之善者好之,其不善者恶之。"

【译文】

子贡问孔子说:"全乡人都喜欢、赞扬他,这个人怎么样?"孔子说:"这还不能肯定。"子贡又问孔子说:"全乡人都厌恶、憎恨他,这个人怎么样?"孔子说:"这也是不能肯定的。最好的人是全乡的好人都喜欢他,全乡的坏人都厌恶他。"

【辩证解读】

◎孔子认为,对于一个人的正确评价,应该以善人和坏人的好恶为依据,一个地方的善人都喜欢,而坏人都厌恶的人应该就是一个好人。

◉界定好坏人的标准不能简单地以善人和坏人的好恶为依据。好人有时也会好心办坏事,而且好人还容易被人误解。坏人也不一定只做坏事不做好事,而且坏人常常更善于蒙蔽大众。

13.25 子曰:"君子易事①而难说②也。说之不以道,不说也;及其使人也,器之。小人难事而易说也。说之虽不以道,说也;及其使人也,求备焉。"

【注释】

① 易事:容易共事。

② 说:通"悦"。

【译文】

孔子说:"为君子办事很容易,但很难取得他的欢喜。不按正道去讨他的喜欢,他是不会喜欢的;但当他使用人的时候,总是量才而用。为小人办事很难,但要取得他的欢喜则是很容易的。不按正道去讨他的喜欢,也会得到他的喜欢;但等到他使用人的时候,却是求全责备。"

【辩证解读】

◎作为君子，他并不会对人百般挑剔，做事情时也不刁难人，但也不能轻易讨好他，君子在选用人才的时候，往往能够量才而用，不会求全责备。但为小人做事会比较难，讨好他则比较容易。通常小人使用人的时候会百般挑剔，求全责备。

● 君子走正道，按规矩办事，对事不对人，事情做好了就会喜欢。小人爱搞歪门邪道，不愿意按规矩办事，总是想损人利己，甚至损人不利己的事情也做。其实博得小人喜欢也是一件比较困难的事，因为小人常常以己度人，很难理解别人的善意。

13.26 子曰："君子泰而不骄，小人骄而不泰。"

【译文】

孔子说："君子安静坦然而不傲慢无礼，小人傲慢无礼而不安静坦然。"

【辩证解读】

◎君子内心无私而平静，小人内心杂念太多而表现狂傲。

● 很多小人善于伪装，表现得安静坦然。

13.27 子曰："刚、毅、木、讷近仁。"

【译文】

孔子说："刚强、果敢、朴实、谨慎，这四种品德接近于仁。"

【辩证解读】

◎孔子把"仁"和人的朴素气质联系在了一起。他认为，首先必须是刚毅果断，其次必须言行谨慎，这样就接近于"仁"的最高境界了。

● "木"如果理解成像木头一样可以任人砍伐，"讷"如果理解成很少说话，或压根就不会说话，那么，这两种气质的外在表现很难让人与

"仁"的最高境界联系在一起。

13.28 子路问曰:"何如斯可谓之士矣?"子曰:"切切偲偲①,怡怡②如也,可谓士矣。朋友切切偲偲,兄弟怡怡。"

【注释】

① 切切偲偲 (sī):互相切磋。

② 怡怡:和和气气。

【译文】

子路问孔子:"怎样才可以称为士呢?"孔子说:"互助督促勉励,相处和和气气,可以算是士了。朋友之间互相督促勉励,兄弟之间相处和和气气。"

【辩证解读】

◎士就是相互间能够提供正能量,能够和谐亲密地相处。

◉士不应该仅是会交正能量的朋友,能够与兄弟和睦相处。

13.29 子曰:"善人教民七年,亦可以即戎矣。"

【译文】

孔子说:"善人教导百姓七年,也就可以叫他们去当兵打仗了。"

【辩证解读】

◎有本领且善于训练的人用七年时间可以教会人们打仗。

◉教会人民打仗需要七年恐怕是没有什么道理的一个论断。

13.30 子曰:"以不教民战,是谓弃之。"

【译文】

孔子说:"如果不先对老百姓进行作战训练,这就叫抛弃他们。"

【辩证解读】

◎不教人们打仗，国家和人民的安全得不到保障，敌人来犯时只能放弃抵抗。

⦿国家更重要的是要有强大的职业军队保护老百姓。

宪问篇第十四

14.1 宪问耻。子曰:"邦有道,谷;邦无道,谷,耻也。""克、伐、怨、欲不行焉,可以为仁矣?"子曰:"可以为难矣,仁则吾不知也。"

【译文】

原宪问孔子什么是可耻。孔子说:"国家有道,做官拿俸禄;国家无道,还做官拿俸禄,这就是可耻。"原宪又问:"好胜、自夸、怨恨、贪欲都没有的人,可以算做到仁了吧?"孔子说:"这可以说是很难得的,但至于是不是做到了仁,那我就不知道了。"

【辩证解读】

◎孔子认为,做官的人应当竭尽全力为国效忠,国家有道时为国服务拿俸禄是应该的,国家无道时还照样拿俸禄的人就是无耻。孔子关于仁的标准很高,认为脱离了"好胜、自夸、怨恨、贪欲"的人难能可贵,但究竟合不合"仁",就不得而知了。显然,"仁"是最高的道德标准。

● 国家无道时仁人志士不仅应该不拿俸禄,弃官而去,更应该奔走呼号,力挽狂澜。

14.2 子曰:"士而怀居,不足以为士矣。"

【译文】

孔子说:"士如果留恋家庭的安逸生活,就不配做士了。"

【辩证解读】

◎士不应该贪图安逸，耽于享乐。

● 国家有道、社会清平的时候，士也可以安享太平、安居乐业。

14.3 子曰："邦有道，危①言危行；邦无道，危行言孙②。"

【注释】

① 危：正直。

② 孙：通"逊"。

【译文】

孔子说："国家有道，要言语正直，行为正直；国家无道，还要正直，但说话要随和谨慎。"

【辩证解读】

◎孔子要求自己的学生，当国家政治清明时，可以直述其言，该怎么做就怎么做；当国家政治黑暗无道时，就要注意说话的方式方法，做事也要格外小心。只有这样，才可以避免祸端。

● 这是孔子教给学生国家黑暗无道时要保全性命。这不是一种以国家至上、以民族利益为重的思想。国家无道时恰恰需要仁人志士挺身而出、振臂高呼，甚至揭竿而起。

14.4 子曰："有德者必有言，有言者不必有德。仁者必有勇，勇者不必有仁。"

【译文】

孔子说："有道德的人，一定有言论，有言论的人不一定有道德。仁人一定勇敢，但勇敢的人不一定都有仁德。"

【辩证解读】

◎孔子在这里解释的是言论与道德、勇敢与仁德之间的关系。

● 孔子前边曾说"君子欲讷于言而敏于行",他倡导的是少说话,谨言慎行。少说甚至于不说话的人也可以是一个有道德的人。我们完全可以假设,一个没有学识、见识的哑巴也有可能成为一个道德高尚的人。

14.5 南宫适①问于孔子曰:"羿善射,奡②荡舟,俱不得其死然。禹、稷躬稼而有天下。"夫子不答。南宫适出。子曰:"君子哉若人!尚德哉若人!"

【注释】

① 南宫适(kuò):孔子的弟子南容。
② 奡:ào,人名,夏朝寒浞的儿子。

【译文】

南宫适问孔子:"羿善于射箭,奡善于水战,最后都不得好死。禹和稷都亲自种植庄稼,却得到了天下。"孔子没有回答,南宫适出去后,孔子说:"这个人真是个君子呀!这个人真尊重道德。"

【辩证解读】

◎孔子鄙视武力和权术,崇尚和平及仁义道德。南宫适认为禹、稷以德而有天下,羿、奡以力而不得其终。孔子就说他很有道德,是个君子。后代儒家发展了这一思想,提出"恃德者昌,恃力者亡"的主张,要求统治者以德治天下,而不要以武力得天下。

● 历朝历代的君王主要还是通过武力获得天下的,只有上古传说中才有以德而有天下的例子。儒家"恃德者昌,恃力者亡"的主张非常符合人道主义的精神,但与中国历史相对照就显得太理想主义了。

14.6 子曰:"君子而不仁者有矣夫,未有小人而仁者也。"

【译文】

孔子说:"君子中没有仁德的人是有的,而小人中有仁德的人是没有的。"

【辩证解读】

◎君子也非完人,君子也可能没有仁德,而小人是肯定没有仁德的。

● 君子非完人,君子有不仁德的时候。小人也不一定永远只做坏事而不做好事,小人也有表现出仁德的时候。因此,日常生活中分辨君子和小人也不是一件十分容易的事情。

14.7 子曰:"爱之,能勿劳①乎?忠焉,能勿诲乎?"

【注释】

① 劳:操劳。

【译文】

孔子说:"爱他,能不为他操劳吗?忠于他,能不对他劝告吗?"

【辩证解读】

◎爱就是尽心尽力地为其付出劳动,忠就是对方有错的时候加以劝告。

● 爱的表达方式除了付出劳动,还有其他方式,忠的方式也不仅仅是劝告。

14.8 子曰:"为命①,裨谌②草创之,世叔讨论之,行人③子羽修饰之,东里④子产润色之。"

【注释】

① 命:公文、外交辞令。

② 裨谌:píchén,郑国大夫。

③ 行人:古代外交官。

④ 东里:地名,子产居住地,今河南郑州。

【译文】

孔子说:"郑国发表的公文,都是由裨谌起草的,世叔提出意见,外交官子羽加以修饰,由子产做最后修改润色。"

【辩证解读】

◎孔子称赞郑国这几位大夫团结合作,非常协调。

● 一份公文需要这么多人参与才能完成,是不是官职设置太多,是懒政的表现呢?

14.9 或问子产。子曰:"惠人也。"问子西。曰:"彼哉!彼哉!"问管仲。曰:"人也。夺伯氏骈邑①三百,饭疏食,没齿②无怨言。"

【注释】

① 骈邑:地名,在今山东省。

② 没齿:年老。

【译文】

有人问子产是个怎样的人。孔子说:"是个有恩惠于人的人。"又问子西。孔子说:"他呀!他呀!"又问管仲。孔子说:"他是个有才干的人,他使伯氏终生吃粗茶淡饭,直到老死也没有怨言。"

【辩证解读】

◎子产、子西及管仲都是当世之能人,但孔子对他们评价都不高,很显然这几个人都不是仁德之人。孔子对子产的评价尚可,认为他是有恩惠于人,对子西则不屑置评,对管仲则承认他是个有才干的人,不过他特别奇怪管仲夺伯氏骈邑的三百户,伯氏竟然至死不怨。

● 子产有恩惠于人,证明他是一个乐于助人、富有同情心的人,以孔子"仁者,爱人"的理念,他应该是一个仁德之人,应该得到孔子的完全认可。看来孔子对"仁德"的标准太高了。管仲夺人财产,使人生活贫困，该人却又至死无怨，这件事肯定事出有因，否则伯氏不可能不生怨恨。

14.10 子曰："贫而无怨难，富而无骄易。"

【译文】

孔子说："贫穷而能够没有怨恨是很难做到的，富裕而不骄傲是容易做到的。"

【辩证解读】

◎贫穷的人容易对统治者和社会心生不满，富裕的人做到不骄傲比较容易，他们心里一般不会有不满情绪。

⦿不满与骄傲与一个人的受教育程度、胸襟眼界、性格素养等有关，与贫富关联不大。过去，既有贫者不怨天尤人，而是通过劳动、读书等努力改变现状，也有富者会经常骄傲自满，欺压穷人，一旦炫富失败或是欲望得不到满足，心中就有不平不满，不能一概论之。

14.11 子曰："孟公绰①为赵、魏老②则优③，不可以为滕、薛④大夫。"

【注释】

① 孟公绰：鲁国大夫。

② 老：家臣。

③ 优：才力有余。

④ 滕、薛："滕""薛"都是鲁国附近的小国。

【译文】

孔子说："孟公绰做晋国诸卿赵氏、魏氏的家臣，是才力有余的，但不能做滕、薛这样小国的大夫。"

【辩证解读】

◎孔子以孟公绰为例来说明知人善任的重要性。

● 既然可以胜任晋国赵氏、魏氏的家臣,那更可以担任滕、薛这样小国的大夫。在没有合适岗位之前,总比什么都不做要好吧。

14.12 子路问成人①。子曰:"若臧武仲之知,公绰之不欲,卞庄子之勇,冉求之艺,文之以礼乐,亦可以为成人矣。"曰:"今之成人者何必然?见利思义,见危授命,久要②不忘平生之言,亦可以为成人矣。"

【注释】

① 成人:完美之人。

② 要:通"约",穷困。

【译文】

子路问怎样做才是一个完美的人。孔子说:"如果具有臧武仲的智慧,孟公绰的克制,卞庄子的勇敢,冉求那样的多才多艺,再用礼乐加以修饰,也就可以算是一个完人了。"孔子又说:"现在的完人何必一定要这样呢?见到财利想到义的要求,遇到危险能献出生命,长久处于穷困还不忘平日的诺言,这样也可以成为一个完美的人。"

【辩证解读】

◎孔子以具体的人为例来说明怎样才算具备了完善的人格,他认为,一个完美的人应当有智慧、能克制、勇敢、多才多艺,并有礼乐修饰。孔子还认为,有完善人格的人,应当做到在见利见危和久居贫困的时候,能够思义、授命、不忘平生之言,这样做就符合于义,就是一位完美的人。

● 孔子不得不以好几个人为例来说明一个人怎样才算具备了完善的人格,此足以说明十全十美的人几乎没有。

14.13 子问公叔文子于公明贾曰:"信乎,夫子不言、不笑、不取乎?"公明贾对曰:"以告者过①也。夫子时然后言,人不厌其言;乐然后笑,人不厌其笑;义然后取,人不厌其取。"子曰:"其然?岂其然乎?"

【注释】

① 过:错误。

【译文】

孔子向公明贾问及公叔文子,说:"先生他不说、不笑、不取钱财,是真的吗?"公明贾回答道:"这是告诉你话的那个人的过错。先生他到该说时才说,因此别人不厌恶他说话;快乐时才笑,因此别人不厌恶他笑;合于礼要求的财利他才取,因此别人不厌恶他取。"孔子说:"原来是这样?难道真是这样吗?"

【辩证解读】

◎孔子在这里通过评价公叔文子来阐释"义然后取"的思想,只要合乎于义、礼,像公叔文子这样具有高尚人格者并非不说、不笑、不取钱财。

● 从这一段话我们可以看出,当时有些人对孔子所倡导的君子的形象也是有误解的。孔子的模范学生颜渊基本上就是一个不说、不笑、不取钱财的人。

14.14 子曰:"臧武仲以防求为后于鲁,虽曰不要①君,吾不信也。"

【注释】

① 要:yāo,要挟。

【译文】

孔子说:"臧武仲凭借防邑请求鲁君在鲁国替臧氏立后代,虽然有人说他不是要挟君主,但我不相信。"

【辩证解读】

◎臧武仲因得罪孟孙氏逃离鲁国,后来回到防邑,向鲁君提出要求,以立臧氏之后为卿大夫作为条件,自己离开防邑。孔子认为,他以自己的封地为据点,想要挟君主,犯上作乱。所以孔子说了上面这段话。此事在《春秋》一书中有记载。

● 任何臣子,只要有冒犯、损害君王利益的言行,孔子一概深恶痛绝,严厉谴责。

14.15 子曰:"晋文公谲①而不正,齐桓公正而不谲。"
【注释】

①谲:jué,欺诈。

【译文】

孔子说:"晋文公诡诈而不正派,齐桓公正派而不诡诈。"

【辩证解读】

◎孔子主张"礼乐征伐自天子出",对世人的违礼行为一概加以指责。晋文公称霸后召见周天子,这对孔子来说是不能接受的,所以他说晋文公诡诈。齐桓公打着"尊王"的旗号称霸,孔子认为他的做法符合于礼的规定。所以,他对晋文公、齐桓公做出上述评价。

● 晋文公称霸与齐桓公称霸本质上没有什么不同,只不过齐桓公打着"尊王"的旗号称霸,给周天子稍微留了一点儿面子。实际上晋文公就是做的比齐桓公直接一些而已,从这一点上看,齐桓公倒更为狡诈。

14.16 子路曰:"桓公杀公子纠,召忽死之,管仲不死①。"曰:"未仁乎?"子曰:"桓公九②合诸侯,不以兵车,管仲之力也。如③其仁,如其仁。"

【注释】

① 管仲不死：小白和公子纠都是齐襄公的弟弟。襄公无道，小白便由鲍叔牙侍奉逃往莒国，公子纠也由管仲和召忽侍奉逃往鲁国。后襄公被杀，小白先入齐国为国君，是为桓公。之后，兴兵伐鲁，逼鲁杀公子纠，召忽自杀，管仲却做了桓公的宰相。

② 九：虚数。

③ 如：就是。

【译文】

子路说："齐桓公杀了公子纠，召忽自杀以殉，但管仲却没有自杀。管仲不能算是仁人吧？"孔子说："桓公多次召集各诸侯国会盟，而不用武力，都是管仲的作用啊。这就是他的仁德，这就是他的仁德。"

【辩证解读】

◎孔子提出"事君以忠"。公子纠被杀了，召忽自杀以殉其主，而管仲却没有死，不仅如此，他还归服了其主的政敌，担任了宰相，这样的行为也应当属于对其主的不忠。但孔子在这里却认为，管仲帮助齐桓公召集诸侯会盟，而不依靠武力，是依靠仁德的力量，值得称赞。

◉管仲是一个能臣、功臣，是一个能够洞察世事的智者。他以国家利益为重，但也考虑个人的生死及利益。综合考察他的人生经历，按照孔子关于仁人志士的标准，很难说他是一个有高尚品德的人。但因为他忠于国君，有功于齐国，特别是他曾经让齐桓公打出"尊王"的旗号，很让周天子受用，也让孔子大喜过望，孔子也就认可他是一个仁德之人了。

14.17 子贡曰："管仲非仁者与？桓公杀公子纠，不能死，又相之。"子曰："管仲相桓公，霸诸侯，一匡天下，民到于今受其赐。微①管仲，吾其被②发左衽矣。岂若匹夫匹妇之为谅③也，自经④于沟渎⑤而莫之知也。"

【注释】

① 微：没有。

② 被：通"披"。

③ 谅：无原则地守信。

④ 自经：自尽。

⑤ 渎：dú，沟。

【译文】

子贡问："管仲不能算是仁人了吧？桓公杀了公子纠，他不能为公子纠殉死，反而做了齐桓公的宰相。"孔子说："管仲辅佐桓公，称霸诸侯，匡正了天下，老百姓直到今天还在享受他的好处。如果没有管仲，恐怕我们也要披散着头发，衣襟向左开了。哪能像普通百姓那样恪守小节，自杀在小山沟里，而谁也不知道呀。"

【辩证解读】

◎孔子还是在肯定管仲是一个仁德之人。根本原因就在于管仲"尊王攘夷"，反对使用暴力，而且阻止了齐鲁之地被外敌侵占，被"夷化"。孔子认为，像管仲这样有仁德的人，不必像匹夫匹妇那样，斤斤计较他的节操与信用。管仲顺应时代潮流，忠于齐桓公，没有纠结于齐桓公杀死其旧主的事实，管仲做到了忠时代之君。

◉孔子关于仁德的标准很模糊，在此处我们可以看出忠君是最关键的，但忠于先君还是后君并不重要；其次是有功于国家和民族，只要为国家和民族做了好事，自身的缺点和道德瑕疵都是小节。

14.18 公叔文子之臣大夫僎①与文子同升诸公。子闻之，曰："可以为'文'矣。"

【注释】

① 僎:zhuàn,人名。

【译文】

公叔文子的家臣僎和文子一同做了卫国的大夫。孔子知道了这件事以后说:"(他死后)可以给他'文'的谥号了。"

【辩证解读】

◎孔子赞赏公叔文子让自己的家臣与自己平起平坐的做法,说明公叔文子这个人不嫉贤,一心为公,是一个品德高尚的人。

● 公叔文子的家臣做了卫国的大夫这件事是卫君不拘一格用人才,公叔文子最多有举荐之功。

14.19 子言卫灵公之无道也,康子曰:"夫如是,奚而不丧?"孔子曰:"仲叔圉①治宾客,祝鮀治宗庙,王孙贾治军旅,夫如是,奚其丧?"

【注释】

① 仲叔圉(yǔ):即孔文子,卫国大夫。

【译文】

孔子讲到卫灵公的无道,季康子说:"既然如此,为什么他没有败亡呢?"孔子说:"因为他有仲叔圉接待宾客,祝鮀管理宗庙祭祀,王孙贾统率军队,像这样,怎么会败亡呢?"

【辩证解读】

◎孔子对卫灵公的许多做法不赞同,认为他是个无道之君。

● 卫灵公既然能够重用那么多贤人能臣,证明他还是一个知人善任之君,并非完全无道。

14.20 子曰:"其言之不怍①,则为之也难。"

【注释】

① 怍：zuò，惭愧。

【译文】

孔子说："说话如果大言不惭，那么实现这些话就很困难了。"

【辩证解读】

◎一个人如果说大话毫无羞愧之心，那他肯定不会努力实现自己的诺言的。

● 每个人的性格不同，有人志向大，说的话也大。项羽年少时，认为"书足以记名姓而已。剑一人敌，不足学，学万人敌"。即使学兵法，也是略知其意而已。偶遇秦始皇东游，项羽看着宏大的气势说"彼可取而代之也"，被人们认为是口出狂言。虽然项羽最终是乌江自刎，以失败告终，但他在中国历史上的影响谁也不能否认。马云在没有成功前，说出自己的宏伟蓝图时没人相信，也被当时的人们认为是大言不惭，是疯子。事实证明，他说的不是大话，反而经过努力后实现了自己的目标。当然马云也许会有最终失败的一天。

14.21 陈成子弑简公。孔子沐浴而朝，告于哀公曰："陈恒弑其君，请讨之。"公曰："告夫三子。"孔子曰："以吾从大夫之后，不敢不告也。君曰'告夫三子'者。"之三子告，不可。孔子曰："以吾从大夫之后，不敢不告也。"

【译文】

陈成子杀了齐简公。孔子斋戒沐浴以后，随即上朝去见鲁哀公，报告说："陈恒把他的君主杀了，请你出兵讨伐他。"哀公说："你去报告那三位大夫吧。"孔子退朝后说："因为我曾经做过大夫，所以不敢不来报告，君主却说'你去告诉那三位大夫吧'！"孔子去向那三位大夫报告,但三位大夫不愿派兵讨伐。孔子又说:"因为我曾经做过大夫,所以不敢不来报告呀!"

【辩证解读】

◎陈成子杀死齐简公,这在孔子看来真是"不可忍"的事情。他郑重其事地把此事告诉了鲁哀公,认为自己曾经做过鲁国的大夫,因此有责任和义务向鲁君报告此事,并请求出兵讨伐,但鲁哀公似乎无动于衷,只是让他去报告那三位大夫。

●孔子那个时候应该已经退官居家了,这实际上违背了他自己所倡导的"不在其位,不谋其政"的戒律。他的请求遭到哀公的婉拒,孔子心里一定在抱怨,但又无能为力。

14.22 子路问事君。子曰:"勿欺也,而犯之。"
【译文】
子路问怎样侍奉君主。孔子说:"不能欺骗他,但可以犯颜直谏。"

【辩证解读】

◎任何时候都得对君王忠诚老实,不得欺骗,但做臣子的认为君王有错时可以犯颜直谏。

●孔子前边曾说过"邦有道,危言危行;邦无道,危行言孙"。此处的意见似乎有点儿不一致。中国历朝历代"文死谏,武死战"是君臣关系荒谬的构成。

14.23 子曰:"君子上达,小人下达。"
【译文】
孔子说:"君子向上通达仁义,小人向下通达财利。"

【辩证解读】

◎对于"上达""下达"的解释，在学术界至少有两种观点，一是上达于道，下达于器，即农工商各业；二是上达是长进向上，日进乎高明；下达是沉沦向下，日究乎污下。

● 君子也应该上下通达。

14.24 子曰："古之学者为己，今之学者为人。"
【译文】

孔子说："古代的人学习是为了提高自己，而现在的人学习是为了给别人看。"

【辩证解读】

◎学者也是今不如昔。

● 孔子很显然是凭自己对古人的想象和对今人的片面印象才这样说的。

14.25 蘧伯玉①使②人于③孔子，孔子与之坐而问焉。曰："夫子何为？"对曰："夫子欲寡其过而未能也。"使者出，子曰："使乎！使乎！"

【注释】

① 蘧（qú）伯玉：卫国大夫，孔子曾住他家。

② 使：派遣。

③ 于：拜访。

【译文】

蘧伯玉派使者去拜访孔子，孔子让使者坐下，然后问道："先生最近在做什么？"使者回答说："先生想要减少自己的错误，但未能做到。"使者走了以后，孔子说："好一位使者啊！好一位使者啊!"

【辩证解读】

◎孔子非常赞赏蘧伯玉不断修正错误、努力完善自我的做法。

● 蘧伯玉专门派使者向孔子说明自己在努力减少自己的错误,但未能做到。其意图令人费解。

14.26 子曰:"不在其位,不谋其政。"曾子曰:"君子思不出其位。"

【译文】

孔子说:"不在那个职位,就不要考虑那个职位上的事情。"曾子说:"君子考虑问题,从来不超出自己的职位范围。"

【辩证解读】

◎"不在其位,不谋其政"是孔子对学生们为官从政的忠告。他要求为官者各负其责,各司其职,脚踏实地地做好自己分内的事情。"君子思不出其位"同样是这个意思。

● 实际上,为官者在做好自己分内工作的同时还应该有大局意识,因为个体所承担的工作毫无疑问是全局工作的一部分。

14.27 子曰:"君子耻其言而过其行。"

【译文】

孔子说:"君子认为说得多而做得少是可耻的。"

【辩证解读】

◎孔子希望人们少说多做,而不要只说不做或多说少做。

● 君子一般是智者,有知识、有智慧的人肯定要比普通人说话多一些,而且,君子所说的许多事也不一定非得亲力亲为,他常常会倡导和劝导别人做一些事情。

14.28 子曰:"君子道者三,我无能焉:仁者不忧,知者不惑,勇者不惧。"子贡曰:"夫子自道也。"

【译文】

孔子说:"君子之道有三个方面,我都未能做到:仁德的人不忧愁,聪明的人不迷惑,勇敢的人不畏惧。"子贡说:"这正是老师的自我表述啊!"

【辩证解读】

◎作为君子,孔子认为其必需的品格有许多,这里他强调了其中的三个方面:仁、智、勇。在《子罕篇》第九当中,孔子也讲到以上这三个方面。

◉仁者有时候也会有忧愁,智者也会有困惑,勇者也会有胆怯。

14.29 子贡方①人。子曰:"赐也贤乎哉?夫我则不暇。"

【注释】

① 方:诽谤。

【译文】

子贡评论别人的短处。孔子说:"赐啊,你真的就那么贤良吗?我可没有闲工夫去评论别人。"

【辩证解读】

◎孔子对子贡议论别人短处的行为提出了批评,他认为自己不评论别人的长短。

◉孔子本人其实也会评论别人的长短,他对政见不同、违背礼制、不喜欢的人也经常发表负面评论。

14.30 子曰:"不患人之不己知,患其不能也。"

【译文】

孔子说:"不忧虑别人不知道自己,只担心自己没有本事。"

【辩证解读】

◎自己有本领就不必担心被埋没。

◉历史上及现实中确实有许多人怀才不遇。

14.31 子曰:"不逆诈,不亿不信,抑亦先觉者,是贤乎!"

【译文】

孔子说:"不预先怀疑别人欺诈,也不猜测别人不诚实,然而能事先觉察别人的欺诈和不诚实,这就是贤人了!"

【辩证解读】

◎孔子此处应该指能够靠经验和直觉事先觉察别人的欺诈和不诚实的人就是贤人。

◉"害人之心不可有,防人之心不可无"应该是一个常识。

14.32 微生亩谓孔子曰:"丘,何为是栖栖者与?无乃为佞乎?"孔子曰:"非敢为佞也,疾固也。"

【译文】

微生亩对孔子说:"孔丘,你为什么这样四处奔波游说呢?你不就是要显示自己的口才和花言巧语吗?"孔子说:"我不敢花言巧语,只是痛恨那些顽固不化的人。"

【辩证解读】

◎孔子四处奔波游说是为了教育那些冥顽不化的人,是想让人们"克己复礼"。

◉孔子在四处奔波游说,教育人,规劝执政者复兴周礼、实行仁治的过程中肯定展示了非常好的口才,不认可他的人觉得他就是一个"巧言令色"的人。

14.33 子曰："骥不称其力,称其德也。"
【译文】
孔子说:"千里马值得称赞的不是它的气力,而是它的品德。"
【辩证解读】
◎马是有灵性的动物,千里马更是如此。
● 无论如何,千里马之所以是千里马,首先在于其比其他的马有耐力,跑得远,跑得快。

14.34 或曰："以德报怨,何如?"子曰："何以报德?以直报怨,以德报德。"
【译文】
有人说:"用恩德来报答怨恨,怎么样?"孔子说:"用什么来报答恩德呢?应该是用正直来报答怨恨,用恩德来报答恩德。"
【辩证解读】
◎孔子不同意"以德报怨"的做法,认为应当是"以直报怨"。这是说,面对伤害过自己的人也应以公平正直的方式对待,不以有旧恶旧怨而改变自己的公平正直。
● 孔子的这一原则适用于个人恩怨,如果事涉国家、民族利益则须另当别论。

14.35 子曰："莫我知也夫!"子贡曰："何为其莫知子也?"子曰："不怨天,不尤人。下学而上达,知我者其天乎!"
【译文】
孔子说:"没有人了解我啊!"子贡说:"怎么能说没有人了解

您呢?"孔子说:"我不埋怨天,也不责备人。下学礼乐而上达天命,了解我的只有天吧!"

【辩证解读】

◎此处孔子表露的应该是一种怀才不遇,所学难所用,理想难以实现的无奈心情。

● 孔子在当时就已为世人所熟知,而且史无前例地有弟子三千,他应该可以满足了。如果他知道身后两千多年自己在大部分时间被奉为圣人,肯定不会发此感慨。

14.36 公伯寮愬子路于季孙。子服景伯①以告,曰:"夫子固有惑志于公伯寮,吾力犹能肆诸市朝②。"子曰:"道之将行也与,命也;道之将废也与,命也。公伯寮其如命何!"

【注释】

① 子服景伯:鲁国大夫。

② 市朝:古代将罪人之尸示众,或者于朝廷,或者于市集。

【译文】

公伯寮向季孙告发子路。子服景伯把这件事告诉给孔子,并且说:"季孙氏已经被公伯寮迷惑了,我的力量能够把公伯寮杀了,将他陈尸于市。"孔子说:"道能够得到推行,是天命决定的;道不能得到推行,也是天命决定的。公伯寮能把天命怎么样呢?"

【辩证解读】

◎孔子又一次谈到自己的天命思想。"道"能否推行,在天命而不在人为,即所谓"谋事在人,成事在天"。此处孔子内心应该是不想让子服景伯杀公伯寮。

● 孔子不想做或不能做的事就都推给天命。

14.37 子曰:"贤者辟①世,其次辟地,其次辟色,其次辟言。"子曰:"作者七人矣。"

【注释】

① 辟:通"避"。

【译文】

孔子说:"贤人逃避动荡的社会而隐居,次一等的逃避到另外一个地方去,再次一等的逃避别人难看的脸色,再次一等的回避别人难听的话。"孔子又说:"这样做的已经有七个人了。"

【辩证解读】

◎孔子此处还是在教授学生避祸保命的办法。

●这不是勇者的处事方式,孔子让学生做没有担当的胆小鬼。

14.38 子路宿于石门。晨门曰:"奚自?"子路曰:"自孔氏。"曰:"是知其不可而为之者与?"

【译文】

子路夜里住在石门。看门的人问:"你从哪里来?"子路说:"从孔子那里来。"看门的人说:"是那个明知做不到却还要去做的人吗?"

【辩证解读】

◎孔子"知其不可而为之",反映出他为了实现理想坚持不懈的执着精神,尽管我们从门人的语气中感觉不到当时普通人对孔子的尊敬。

●孔子"知其不可而为之",反映出他缺乏理性,不知变通。

14.39 子击磬于卫,有荷蒉①而过孔氏之门者,曰:"有心哉,击磬乎!"既而曰:"鄙哉!硁硁乎!莫己知也,斯己而已矣。深则厉,浅则揭。②"子曰:"果哉!末之难矣。"

【注释】

① 荷蒉（kuì）：背着草筐的人。

② 深则厉，浅则揭：见于《诗经·邶风·匏有苦叶》。水深表示社会黑暗，只得听之任之；水浅可以撩起衣服过，比喻社会黑暗程度不深。

【译文】

孔子在卫国，一次正在敲击磬，有一位背着草筐的人从门前走过，说："这个击磬的人有心事啊！"一会儿又说："这种硁硁的磬声，真可鄙呀！没有人了解自己，就只为自己罢了。（好像涉水一样）水深就穿着衣服蹚过去，水浅就撩起衣服蹚过去。"孔子说："说得真干脆，没有什么可以责问他了。"

【辩证解读】

◎孔子久居卫国而不得重用，即使屈尊见了南子也不起作用，心情郁闷之中击磬解闷，结果被一位背着草筐的人从门前走过听出了心事。

●孔子排解内心忧愁烦闷的本事甚至都不如一个草民。也说明了孔子是"当局者迷"，内心非常焦虑，特别盼望别人指点迷津。

14.40 子张曰："《书》云：'高宗谅阴①，三年不言。'何谓也？"子曰："何必高宗？古之人皆然。君薨，百官总己以听于冢宰三年。"

【注释】

① 谅阴：守丧时的居住地。

【译文】

子张说："《尚书》上说：'高宗守丧，三年不谈政事。'这是什么意思？"孔子说："不仅是高宗，古人都是这样。国君死了，朝廷百官都各管自己的职事，听命于冢宰三年。"

【辨证解读】

◎子女为父母守丧三年的习惯在孔子以前就有,《尚书》中就有这样的记载。对此,孔子持肯定态度。即使国君的父母去世了,他也应在继位后三年内不理政事,平民百姓更是如此。

● 人死之后举办一个有尊严的葬礼,亲戚朋友在一定时间内表达哀痛也就可以了。守丧三年不是一个好的做法。

14.41 子曰:"上①好②礼,则民易使也。"

【注释】

① 上:为官者。

② 好:hào,喜好。

【译文】

孔子说:"在上位的人喜好礼,那么百姓就容易指使了。"

【辨证解读】

◎执政者喜好周礼,善待老百姓,老百姓就会非常听话。

● 老百姓是由不同的人构成,德治和法治结合起来,社会才有可能稳定。

14.42 子路问君子。子曰:"修己以敬。"曰:"如斯而已乎?"曰:"修己以安人。"曰:"如斯而已乎?"曰:"修己以安百姓。修己以安百姓,尧、舜其犹病诸!"

【译文】

子路问什么叫君子。孔子说:"修养自己,保持严肃恭敬的态度。"子路说:"这样就够了吗?"孔子说:"修养自己,使周围的人们安乐。"子路说:"这样就够了吗?"孔子说:"修养自己,使所有百姓都安乐。修养自己使所有百姓都安乐,尧、舜还怕难于做到呢！"

【辩证解读】

◎孔子在这里说明了君子修身的几个层次，第一是自我修养，做一个有道德的人；第二是为周围的人服务，使他们安乐；第三是让天下人都安乐。

◉除了自我的修养还需要有安身立命、服务社会的真才实学。

14.43 原壤①夷俟②。子曰："幼而不孙弟③，长而无述焉，老而不死，是为贼。"以杖叩其胫④。

【注释】

① 原壤：人名，孔子的老朋友。

② 夷俟：夷，平地，此处为动词，坐在平地上；俟，等。

③ 孙弟：通"逊悌"。

④ 胫：jìng，小腿。

【译文】

原壤叉开双腿坐着等待孔子。孔子骂他说："你年幼的时候不讲孝悌，长大了又没有什么可说的成就，老而不死，真是祸害。"说着，用手杖敲了敲他的小腿。

【辩证解读】

◎原壤言行不遵循周礼，坐无坐相，遭到孔子的严厉斥责。

◉原壤去见熟人，等的时间长了，难免会放松，而且是私下场合，叉开双腿没有什么不妥。

14.44 阙党①童子将命。或问之曰："益者与？"子曰："吾其居于位也，见其与先生并行②也。非求益者也，欲速成者也。"

【注释】

① 阙党：孔子故里。

② 与先生并行：春秋时期的礼节，童子不能与成人并行。

【译文】

阙里的一个童子来向孔子传话。有人问孔子："这是个求上进的孩子吗？"孔子说："我看见他坐在成年人的位子上，又见他和长辈并肩而行。他不是要求上进的人，只是个急于求成的人。"

【辩证解读】

◎孔子特别注重长幼有序。除了在家庭里讲孝、讲悌以外，年幼者在家庭以外的地方还必须尊敬长者。传话的童子坐在成年人的位子上，又和长辈并肩而行，这在孔子看来是不懂礼的表现。

◉儿童不知礼、不懂礼是可以原谅的，及时教育就好，没必要给儿童扣大帽子一票否定。

卫灵公篇第十五

15.1 卫灵公问陈①于孔子。孔子对曰:"俎豆②之事,则尝闻之矣;军旅之事,未之学也。"明日遂行。

【注释】

① 陈:相当于现在的"阵"。

② 俎(zǔ)豆:行礼仪时盛放食品的礼器,这里借指礼仪之事。

【译文】

卫灵公向孔子问军队列阵之法。孔子回答说:"祭祀礼仪方面的事情,我还听说过;用兵打仗的事,从来没有学过。"第二天,孔子便离开了卫国。

【辩证解读】

◎卫灵公向孔子寻问有关军事方面的问题,孔子对此很不感兴趣。从总体上讲,孔子反对用战争的方式解决国与国之间的争端,虽然在具体问题上有例外。孔子主张和为贵,以礼治国,所以他告诉卫灵公他懂的是祭祀礼仪方面的事情,而不了解军事,并于次日离开了卫国。

● 祭祀礼仪涉及的仅仅是面子,军事才是里子。决定一个国家实力和命运的是军事,而非礼仪。卫灵公关心军事无可厚非。

15.2 在陈绝粮,从者病,莫能兴。子路愠见曰:"君子亦有穷乎?"子曰:"君子固穷,小人穷斯滥矣。"

【译文】

（孔子一行）在陈国断了粮食，随从的人都病倒了，不能起来。子路很不高兴地来见孔子，说道："君子也有穷得毫无办法的时候吗？"孔子说："君子虽然穷困，但还是坚持着，小人一遇穷困就无所不为了。"

【辩证解读】

◎君子穷困潦倒的时候也会坚守自己的理想和原则，小人身处穷困就会胡作非为。

◉很多君子穷困潦倒的时候也会做出不君子的事。

15.3 子曰："赐也！女以予为多学而识之者与？"对曰："然，非与？"曰："非也。予一以贯之。"

【译文】

孔子说："赐啊！你以为我是学习得多才一一记住的吗？"子贡答道："是啊，难道不是这样吗？"孔子说："不是的。我是用一个根本的东西把它们贯彻始终的。"

【辩证解读】

◎孔子认为自己知识丰富的主要原因是目标坚定，始终坚持不懈。

◉坚持很重要，对要坚持的事情和知识理论等，首先必须辨别真伪，看是否值得坚持，在坚持的过程中也要视具体情况而善于变通，其次还要看坚持的事情是否与自己的主业相冲突，是否能处理好责任与兴趣的关系。比如，朱由校作为大明朝第十五任天子，即位后不以振兴朝纲为己任，而是痴迷木工，坚持不懈，他死后十多年，明朝就灭亡了。

15.4 子曰："由！知德者鲜矣。"

【译文】

孔子说:"由啊!懂得德的人太少了。"

【辩证解读】

◎孔子慨叹懂得道德重要性的人太少了。

◉一般人主要考虑的是衣食住行,能够将道德上升到内在需求的肯定是少数人。

15.5 子曰:"无为而治者,其舜也与?夫何为哉?恭己正南面而已矣。"

【译文】

孔子说:"能够无所作为而治理天下的人,大概只有舜吧?他做了些什么呢?只是庄严端正地坐在朝廷的王位上罢了。"

【辩证解读】

◎"无为而治"是道家所称赞的治国方略。这里,孔子赞赏无为而治,并以舜为例加以说明,他所向往的是三代的法度礼治,暗示舜实际上是依靠自己的道德威望而让天下人臣服。

◉有关三代的历史大部分是传说,以德服人通常与以力服人相结合才更有效果。

15.6 子张问行①。子曰:"言忠信,行笃敬,虽蛮貊②之邦,行矣。言不忠信,行不笃敬,虽州里,行乎哉?立则见其参③于前也,在舆则见其倚于衡也,夫然后行。"子张书诸绅。

【注释】

① 行:事情进展顺利。

② 貊:mò,古代指东北。

③ 参:显现。

【译文】

子张问如何才能使自己到处都能行得通。孔子说:"说话要忠信,行事要笃敬,即使到了蛮貊地区,也可以行得通。说话不忠信,行事不笃敬,即使在本乡本土,能行得通吗?站着,就仿佛看到忠信笃敬这几个字显现在面前,坐车,就好像看到这几个字刻在车辕前的横木上,这样才能使自己到处行得通。"子张把这些话写在束于腰间的大带上。

【辩证解读】

◎孔子教导子张如何做人做事才能使自己到处都能行得通时,着重强调的是两点:一是说话要忠信,即不说空话、假话;二是行事要笃敬,即坚持不懈、低调谨慎。

● 不同的地方会有不同的风俗习惯,做人做事的方式也就会有所不同,在华夏能够行得通的方式方法到了蛮貊之地不一定能够行得通。

15.7 子曰:"直哉史鱼①!邦有道,如矢;邦无道,如矢。君子哉蘧伯玉!邦有道,则仕;邦无道,则可卷而怀之。"

【注释】

① 史鱼:卫国大夫。

【译文】

孔子说:"史鱼真是正直啊!国家有道,他的言行像箭一样直;国家无道,他的言行也像箭一样直。蘧伯玉也真是一位君子啊!国家有道就出来做官,国家无道就(辞退官职)把自己的主张埋藏在心里。"

【辩证解读】

◎史鱼与伯玉是有所不同的。史鱼在国家有道或无道时,都同样直爽,而伯玉则只在国家有道时出来做官。所以,孔子说史鱼是"直",伯玉是"君子"。

● 史鱼是以国家、民族利益为重的英雄,是真君子;伯玉是保命为先的君子。

15.8 子曰:"可与言而不与之言,失人;不可与言而与言,失言。知者不失人,亦不失言。"

【译文】

孔子说:"可以同他谈的话,却不同他谈,这就是失掉了朋友;不可以同他谈的话,却同他谈,这就是说错了话。有智慧的人既不失去朋友,又不说错话。"

【辩证解读】

◎智者为人处世应该周全周到。

● 正确的做法应该是可以谈就谈,不可谈则不谈,瞻前顾后、左右为难反而会更不周全。

15.9 子曰:"志士仁人,无求生以害仁,有杀身以成仁。"

【译文】

孔子说:"志士仁人,没有贪生怕死而损害仁的,只有牺牲自己的性命来成全仁的。"

【辩证解读】

◎孔子反复教给学生保命之道,他认为生命是十分宝贵的,但此处他指出还有比生命更宝贵的,那就是"仁"。"杀身成仁",就是要人们在生死关头宁可舍弃自己的生命也要保全"仁"。

● "仁"可以理解为理想、信念,也可以具体化为国家、民族的重大利益,以及亲情、友情等。"杀身成仁"在很多时候并不可取。

15.10 子贡问为仁。子曰:"工欲善其事,必先利其器。居是邦也,事其大夫之贤者,友其士之仁者。"

【译文】

子贡问怎样实行仁德。孔子说:"做工的人想把活儿做好,必须首先使他的工具锋利。住在这个国家,就要侍奉大夫中的那些贤者,与士人中的仁者交朋友。"

【辩证解读】

◎"工欲善其事,必先利其器"这句话已经是一句成语并被广为应用。这就是"磨刀不误砍柴工"。孔子以此做比喻,说明实行仁德的方式就是要侍奉贤者,结交仁者。

● "事其大夫之贤者,友其士之仁者"很容易演变为溜须拍马,拉关系,走后门。

15.11 颜渊问为邦。子曰:"行夏之时①,乘殷之辂②,服周之冕③,乐则《韶》《舞》④。放郑声,远佞人。郑声淫,佞人殆。"

【注释】

① 行夏之时:夏朝的自然历法,比较合乎自然规律。
② 辂:lù,商朝的车比较质朴。
③ 周之冕:周朝的礼帽比较华美,孔子赞美华美礼服。
④ 《韶》《舞》:《韶》是舜时的音乐,《舞》是周武王时的乐曲。

【译文】

颜渊问怎样治理国家。孔子说:"用夏代的历法,乘殷代的车子,戴周代的礼帽,奏《韶》乐和《舞》乐。禁绝郑国的乐曲,疏远花言巧语的人。郑国的乐曲浮靡不正派,花言巧语的人太危险。"

【辩证解读】

◎这里讲的还是怎样为人处世才能做一个好的执政者的道理。夏代的历法有利于农业生产,殷代的车子朴实耐用,周代的礼帽华美,《韶》乐优美动听,这是孔子理想的生活方式。涉及礼的问题时,他还是主张"复礼"。此外,还要禁绝靡靡之音,疏远不道德的人。

◉ 夏代的历法不一定适合所有的地区,殷代的车子会越来越显得落后,周代的礼帽会看上去古怪,《韶》乐必然成为古典,古代的生活方式属于古代的人。

15.12 子曰:"人无远虑,必有近忧。"
【译文】
孔子说:"人没有长远的考虑,一定会有眼前的忧患。"
【辩证解读】
◎一个人如果没有理想,没有规划和计划,生活中遇到困难和麻烦时就只能临时想办法应付。
◉ 做事前先制订计划,可起到事半功倍的效果。但考虑得太过长远了,难免会脱离实际,陷入空想的怪圈,严重时甚至终日郁郁寡欢。反之,难道说现在遇到的忧患,若是提前做好计划,就可以避免了吗?有的事可以预计,有的事无法预计。

15.13 子曰:"已矣乎!吾未见好德如好色者也。"
【译文】
孔子说:"完了,我从来没有见过像好色那样好德的人。"
【辩证解读】
◎孔子悲叹人们更好色,而不是追求过有道德的生活。
◉ 色欲是个人生物性的内在需求,道德则是外在的需求。

15.14 子曰:"臧文仲其窃位者与!知柳下惠之贤而不与立也。"

【译文】

孔子说:"臧文仲是一个窃居官位的人吧!他明知道柳下惠是个贤人,却不举荐他一起做官。"

【辩证解读】

◎举贤任能是为官者的职责,臧文仲明知道柳下惠是个贤人却不举荐,这让孔子很不满。

⊙贤与不贤,每个人的看法都可能不同,或许臧文仲并不认为柳下惠是个贤能之人。

15.15 子曰:"躬自厚而薄责于人,则远怨矣。"

【译文】

孔子说:"多责备自己而少责备别人,那就可以避免别人的怨恨了。"

【辩证解读】

◎人们应该多做自我批评,少指责别人。责己严,待人宽,这样就能保持良好和谐的人际关系。

⊙人与人之间的矛盾只有一部分是因言语而起,许多情况下是因观念、立场、利益等冲突而起。

15.16 子曰:"不曰'如之何,如之何'者,吾末如之何也已矣。"

【译文】

孔子说:"遇事从来不说'怎么办,怎么办'的人,我对他也不知怎么办才好。"

【辩证解读】

◎遇事应该先思考,多请教。

⦿ 有时候情况紧急，必须立即做出应对，顾不得思考太多，也来不及请教。

15.17 子曰："群居终日，言不及义，好行小慧，难矣哉！"
【译文】
孔子说："整天聚在一块，说的都达不到义的标准，专好卖弄小聪明，这种人真难教导！"
【辩证解读】
◎孔子反对他的学生整天在一起扎堆说闲话，卖弄小聪明。
⦿ 聊天儿说闲话是一种很好的休息和休闲的方式，只要不忘了正事就好。

15.18 子曰："君子义以为质，礼以行之，孙以出之，信以成之。君子哉！"
【译文】
孔子说："君子以义作为根本，用礼加以推行，用谦逊的语言来表达，用忠诚的态度来完成。这就是君子了。"
【辩证解读】
◎孔子认为，君子的气质、行为、言语、诚信都应该与常人表现不同。
⦿ 对于君子的定义，一个时代有一个时代的衡量标准。孔子对君子的定义，在当今社会来看，无非就是一个人有教养的表现，很多普通人都具有这些特征。

15.19 子曰："君子病①无能焉，不病人之不己知也。"
【注释】
① 病：担心。

【译文】

孔子说:"君子只怕自己没有才能,不怕别人不知道自己。"

【辩证解读】

◎孔子在前边就反复讲过同样意思的话,他反复告诫学生先学好本领,再求功名。

● 有了立功之心、求名之志,就有了人生的理想和目标,就能够支撑自己持续不断地努力奋斗。

15.20 子曰:"君子疾没世而名不称焉。"

【译文】

孔子说:"君子担心死亡以后他的名字不为人们所称颂。"

【辩证解读】

◎君子不能一事无成,最起码也要做到死后还能够让人们怀念。

● 活着的时候不为虚名所累,尽量多做好事、善事,就已经是君子了。"死去元知万事空",活着时都不在乎虚名,身后事就更不必担忧了。

15.21 子曰:"君子求诸己,小人求诸人。"

【译文】

孔子说:"君子求之于自己,小人求之于别人。"

【辩证解读】

◎君子凡事首先依靠自己的力量处理,小人总是想依赖别人。

● 君子应该有真朋友,遇到事肯定会有朋友出手相助。很多事,君子凭一己之力也无法解决,必须依靠朋友施以援手,难道因为君子不是"求诸己",就说君子不是君子了吗?

15.22 子曰:"君子矜而不争,群而不党。"

【译文】

孔子说:"君子庄重而不与别人争执,合群而不结党营私。"

【辩证解读】

◎君子不计较得失,宽以待人,不轻易与他人起争执;君子与他人和谐相处,不为私利与他人勾结。

● 君子有自己的立场和理念,该据理力争的时候不能退缩。

15.23 子曰:"君子不以言举人,不以人废言。"

【译文】

孔子说:"君子不凭一个人说的话来举荐他,也不因为一个人德行不好而全部否定他的言辞。"

【辩证解读】

◎君子不会因为一个人说得好听就相信并举荐他,也不因为一个人德行不够好就认为他的话也说得不正确。

● 君子也不能走极端,不要一听到好话,就主观认为是虚伪夸大的话,就内心贬低此人。事实上,语言也是一门艺术,适宜而好听的话确实有助于人们沟通交流。君子识人荐人,不要因言语而轻易认可,也不要因言语而随意排斥,应综合考量。

15.24 子贡问曰:"有一言而可以终身行之者乎?"子曰:"其恕乎!己所不欲,勿施于人。"

【译文】

子贡向孔子问道:"有没有一个字可以终身奉行呢?"孔子回答说:"那就是恕吧!自己不愿意的,不要强加给别人。"

【辩证解读】

◎这就是孔子所倡导的"忠恕之道"。孔子把"忠恕之道"看成是处理人际关系的一条准则，这也是儒家伦理的一个特色。这样，可以消除别人对自己的怨恨，缓和人际关系，安定社会秩序。

⦿ 君子应该首先做到"己所不欲，勿施于人"，而且还应该努力去做"己所欲，而施于人"的事情。

15.25 子曰："吾之于人也，谁毁谁誉？如有所誉者，其有所试矣。斯民也，三代之所以直道而行也。"

【译文】

孔子说："我对于别人，诋毁过谁？赞美过谁？如有所赞美的，必须是曾经考验过他的。夏、商、周三代的人都是这样做的，所以三代能直道而行。"

【辩证解读】

◎孔子对三代的制度礼仪以及人物事迹都称颂有加，他认为那是经过历史所证明了的。

⦿ 孔子对三代的制度礼仪以及人物事迹都有太过理想化的评价。

15.26 子曰："吾犹及史之阙文也，有马者借人乘之，今亡矣夫。"

【译文】

孔子说："我还能够看到史书存疑的地方，有马的人（自己不会调教），先给别人使用，这种精神，今天没有了吧。"

【辩证解读】

◎孔子认为自己对历史还是有所了解的，他知道哪些史实可能存疑。古人许多高尚的精神已经不复存在了。

⦿ 孔子对待史实肯定有他自己的主观看法，真实的历史任何人都无法准确地还原。有马的人（自己不会调教），先给别人使用，这种精神肯定没有完全失传，至多是不太普遍而已。

15.27 子曰："巧言乱德。小不忍则乱大谋。"
【译文】
孔子说："花言巧语会败坏人的德行。小事情不忍耐会败坏大事情。"
【辩证解读】
◎君子是有志向、有理想的人，不应该斤斤计较个人得失，更不应该在小事上纠缠不清，而应有开阔的胸襟、远大的抱负。只有如此，才能成就大事，从而实现自己的理想。
◉"以小见大""细节决定成败"，有的时候，小的事情和细节也不能忽略。

15.28 子曰："众恶之，必察焉；众好之，必察焉。"
【译文】
孔子说："大家都厌恶他，我必须考察一下；大家都喜欢他，我也一定要考察一下。"
【辩证解读】
◎不能人云亦云，随波逐流，大多数人都认可的不一定是真相。
◉独立的见解很重要，但群众的意见绝对不能忽视，即使你考察的结果和群众的看法不一样，也要认真考虑并吸纳。因为你去考察，只是一时，偶然一件小事也许就会使你的判断出现偏差，而群众对一个人的评价源自长期的交往体验，不会是由一件小事就轻易得出。

15.29 子曰："人能弘道，非道弘人。"

【译文】

孔子说:"人能够使道发扬光大,不是道使人的才能扩大。"

【辩证解读】

◎人必须首先修养自身,走仁德之道,才能够把道发扬光大。反过来,以道弘人,用来装点门面,哗众取宠,那就不是真正的君子之所为。

◉道是靠人发扬光大的,但反过来,道也能够影响人的思想品德及行为。

15.30 子曰:"过而不改,是谓过矣。"

【译文】

孔子说:"有了过错而不改正,这才真叫错了。"

【辩证解读】

◎"人非圣贤,孰能无过?"有了过错并不可怕,可怕的是坚持错误,不加改正。

◉有些错能够改正,比如"亡羊补牢",有些错是没机会改正的,"一失足成千古恨"的事例很多。

15.31 子曰:"吾尝终日不食,终夜不寝,以思,无益,不如学也。"

【译文】

孔子说:"我曾经整天不吃饭,彻夜不睡觉,左思右想,结果没有什么好处,还不如去学习为好。"

【辩证解读】

◎孔子在前边已经提到"学而不思则罔,思而不学则殆",这里又进一步加以发挥和深入阐述。只学不思不行,只思不学也是十分危险的。

◉学习的时候需动脑筋思考,思考必须以所学内容为基础。思与学相辅相成,互为促进。为思或为学而废寝忘食也不值得提倡,人不是永动机,必须劳逸结合。

15.32 子曰:"君子谋道不谋食。耕也,馁在其中矣;学也,禄在其中矣。君子忧道不忧贫。"

【译文】

孔子说:"君子只谋求道,不谋求衣食。种地,也常要饿肚子;学习,则可以得到俸禄。君子只担心能否求得道,不担心贫穷。"

【辩证解读】

◎道是做人的根本,衣食是末,况且种地的人也常常吃不饱,但学习好,做了官就有了俸禄。君子所应关心的是自己修道修得如何,而不要去担心贫穷。

● 人首先得吃饱肚子,穿上衣服,整天挨饿受寒是没心思和力气去谋道的。若都想着修道做官拿俸禄,谁来种地?

15.33 子曰:"知及之,仁不能守之,虽得之,必失之。知及之,仁能守之,不庄以涖之,则民不敬。知及之,仁能守之,庄以涖之,动之不以礼,未善也。"

【译文】

孔子说:"凭借聪明才智足以得到它,但仁德不能保持它,即使得到,也一定会丧失。凭借聪明才智足以得到它,仁德可以保持它,却不用严肃态度来治理百姓,那么百姓就会不敬。凭借聪明才智足以得到它,仁德可以保持它,能用严肃态度来治理百姓,却不按照礼仪去役使百姓,那也是不完善的。"

【辩证解读】

◎为官执政最重要的是仁德和礼仪,靠聪明才智能够得到权力,但没有仁德就无法长久保持，不按礼仪治国理政，百姓就不会拥戴。

● 就个人层面而言，为官执政者的修养和仁德非常重要；在国家层面，法律和制度的建设和执行特别关键。仁德和礼仪对大多数人，特别是善良之人能够产生作用，对坏人恐怕主要得靠制度约束，靠法律惩戒。

15.34 子曰："君子不可小知而可大受也，小人不可大受而可小知也。"

【译文】

孔子说："君子不能让他们做那些小事，但可以让他们承担重大的使命。小人不能让他们承担重大的使命，但可以让他们做那些小事。"

【辩证解读】

◎君子靠得住，可以委以重任，做大的事情。小人不可信任，只能让他们去做无损于大局的日常小事。

● 重要的是如何能够很好地鉴别君子与小人。我们在选人用人的时候常常是君子、小人难辨。

15.35 子曰："民之于仁也，甚于水火。水火，吾见蹈而死者矣，未见蹈仁而死者也。"

【译文】

孔子说："百姓们对于仁德（的需要），比对于水火（的需要）更迫切。我只见过人跳到水火中而死的，却没有见过为实行仁而死的。"

【辩证解读】

◎孔子认为，仁德是人生最要紧的，没有仁德，人将不人，仁德对人就像水火对人的重要性一样。

● 水火所保障的是人的基本生物需求，仁德对人生活的重要性属于更高层次，但对生命而言并非必需。

15.36 子曰："当仁，不让于师。"
【译文】
孔子说："面对着仁德，就是老师，也不同他谦让。"
【辩证解读】
◎孔子鼓励学生在仁德方面有超过老师的勇气。
● 个人的仁德水平和程度是很难衡量的，很难判断学生在仁德方面是否超过了老师。

15.37 子曰："君子贞而不谅。"
【译文】
孔子说："君子固守正道，而不拘泥于小信。"
【辩证解读】
◎孔子注重"信"的道德准则，但它必须以"道"为前提，即服从于仁、礼的规定。离开了仁、礼这样的大原则，而讲什么"信"，就不是真正的信。
● 真正的君子任何时候都应该坚守正道，讲究诚信。

15.38 子曰："事君，敬其事而后其食。"
【译文】
孔子说："侍奉君主，要认真办事而把领取俸禄的事放在后面。"
【辩证解读】
◎臣子首先是为君主尽心尽力地服务，然后才可以心安理得地领取俸禄。

◉ 为官者除了为君主服务，心里更要有百姓。

15.39 子曰："有教无类。"
【译文】
孔子说："人人都可以接受教育，不分类别。"
【辩证解读】
◎孔子办的教育不是官学，他改变了学在官府的局面，除了出身贵族的子弟可以受教育外，其他各阶级、阶层都有了受教育的可能性和某种机会。他广招门徒，不分种族、氏族，都可以到他的门下接受教育。

◉ 孔子"有教无类"的理念非常伟大，但孔子门下很少有底层百姓的子弟。

15.40 子曰："道不同，不相为谋。"
【译文】
孔子说："主张不同，不互相商议。"
【辩证解读】
◎不要与理念志向不同的人一起做事情。

◉ 在许多情况下，我们不得不与理念志向不同的人一起合作共事。

15.41 子曰："辞达而已矣。"
【译文】
孔子说："言辞只要能表达意思就行了。"
【辩证解读】
◎孔子认为，说话表达清楚就好，没必要使用华丽的辞藻。

◉ 说话清楚是基本要求，若能够遣词造句会更好，有利于给听众留下深刻而美好的印象。

15.42 师冕见，及阶，子曰："阶也。"及席，子曰："席也。"皆坐，子告之曰："某在斯，某在斯。"师冕出，子张问曰："与师言之道与？"子曰："然，固相师之道也。"

【译文】

乐师冕来见孔子，走到台阶边，孔子说："这儿是台阶。"走到座席旁，孔子说："这是座席。"等大家都坐下来，孔子告诉他："某某在这里，某某在这里。"乐师冕走了以后，子张就问孔子："这就是与乐师谈话的道吗？"孔子说："这就是帮助乐师的道。"

【辩证解读】

◎乐师冕显然是一位盲人，孔子接待他的时候特别细心周到，充分体谅盲人的不便。

●有学生在场，孔子对盲人的表现也许是为了身教和示范，也许是刻意为之，向学生炫耀自己的礼仪，让学生在内心认为拜自己为师非常值得。

季氏篇第十六

16.1 季氏将伐颛臾①。冉有、季路见于孔子曰:"季氏将有事于颛臾。"孔子曰:"求!无乃尔是过与?夫颛臾,昔者先王以为东蒙主,且在邦域之中矣,是社稷之臣也。何以伐为?"冉有曰:"夫子欲之,吾二臣者皆不欲也。"孔子曰:"求!周任有言曰:'陈力就列,不能者止。'危而不持,颠而不扶,则将焉用彼相矣?且尔言过矣,虎兕②出于柙,龟玉毁于椟中,是谁之过与?"冉有曰:"今夫颛臾,固而近于费。今不取,后世必为子孙忧。"孔子曰:"求!君子疾夫舍曰欲之而必为之辞。丘也闻有国有家者,不患寡而患不均,不患贫而患不安。盖均无贫,和无寡,安无倾。夫如是,故远人不服,则修文德以来之。既来之,则安之。今由与求也,相夫子,远人不服而不能来也,邦分崩离析而不能守也;而谋动干戈于邦内。吾恐季孙之忧,不在颛臾,而在萧墙之内③也。"

【注释】

① 颛臾: zhuānyú, 鲁国的附属国。

② 兕: sì, 古代指雌犀牛。

③ 萧墙之内: 萧墙, 鲁国用的屏风; 萧墙之内, 暗指鲁君。

【译文】

季氏将要讨伐颛臾。冉有、子路去见孔子说:"季氏快要攻打颛臾了。"孔子说:"冉求, 这不就是你的过错吗? 颛臾从前是周天子让它主持东蒙的祭祀的, 而且已经在鲁国的疆域之内, 是国家的臣属啊，为什么要讨伐它呢？"冉有说："季孙大夫想去攻打，我们两个人都不愿意。"孔子说："冉求，周任有句话说：'尽自己的力量去负担你的职务，实在做不好就辞职。'有了危险不去扶助，跌倒了不去搀扶，那还用辅助的人干什么呢？而且你说的话错了，老虎、犀牛从笼子里跑出来，龟甲、玉器在匣子里毁坏了，这是谁的过错呢？"冉有说："现在颛臾城墙坚固，而且离费邑很近。如果不把它夺取过来，将来一定会成为子孙的忧患。"孔子说："冉求，君子痛恨那种不肯实说自己想要那样做而又一定要找出理由来为之辩解的做法。我听说，对于诸侯和大夫，不怕贫穷而怕财富不均，不怕人口少而怕不安定。财富均了也就无所谓贫穷，大家和睦就不会感到人少，安定了也就没有倾覆的危险了。因为这样，所以如果远方的人还不归服，就用仁、义、礼、乐招徕他们。他们来了，就让他们安心住下去。现在，仲由和冉求你们两个人辅助季氏，远方的人不归服，而不能招徕他们，国内民心离散，你们不能保全；反而策划在国内使用武力。我只怕季孙的忧患不在颛臾，而是在鲁君这里吧。"

【辩证解读】

◎孔子对季氏将伐颛臾这件事坚决反对，他用非常充分的理由说明了自己的观点。一是"昔者先王以为东蒙主"，即颛臾在鲁国一向有名正言顺的政治地位；二是"且在邦域之中矣"，即颛臾是鲁国的附属国，它的地理位置本就在鲁国境内，对鲁国一向不构成威胁；三是"是社稷之臣也"，意即颛臾素来谨守君臣关系，没有攻打的理由。孔子的话体现了他治国以礼、为政以德的政治主张，反对强行霸道，诉诸武力。接着孔子引用周任的名言"陈力就列，不能者止"批评冉有、季路推卸责任的态度。然后孔子正面阐述他的政治主张。最后孔子指出季氏的危险其实在内部，他点明"吾恐季孙之忧，不在颛臾，而在萧墙之内也"。

● 在相当长的历史时期内，国际关系通行的就是丛林法则，强国欺压、侵略弱国是普遍的现象。国与国之间很少以礼相待，除非是势均力敌的国家。孔子对冉有、季路的批评也未必站得住脚，二人服务于季氏，就应该为季氏出谋划策，分忧解难，所谓人臣各为其主。纵观中国历史，大的诸侯国兼并小国、弱国，有利于国家统一。

16.2 孔子曰："天下有道，则礼乐征伐自天子出；天下无道，则礼乐征伐自诸侯出。自诸侯出，盖十世希不失矣；自大夫出，五世希不失矣；陪臣执国命，三世希不失矣。天下有道，则政不在大夫。天下有道，则庶人不议。"

【译文】

孔子说："天下有道的时候，制作礼乐和出兵打仗都由天子做主决定；天下无道的时候，制作礼乐和出兵打仗，由诸侯做主决定。由诸侯做主决定，大概经过十代很少有不垮台的；由大夫决定，经过五代很少有不垮台的；陪臣掌握国政，经过三代很少有不垮台的。天下有道，国家政权就不会落在大夫手中。天下有道，老百姓也就不会议论国家政治了。"

【辩证解读】

◎孔子具体说明了"天下无道"的种种表现：一是周天子的大权落入诸侯手中，各诸侯国自行其是，不遵周礼；二是诸侯国的大权落入大夫和家臣手中；三是老百姓议论政事。对于这种情况，孔子极感愤懑而忧虑，认为这种政权很快就会垮台而陷入混乱。他希望回到"天下有道"的那种时代，政权一统，社会稳定，百姓也相安无事。

● 历史的进程不以人的意志为转移，天下大势"合久必分，分久必合"，可悲的是分合之间受苦受难的还是老百姓。因此，对老百姓而言，社会稳定是福。

16.3 孔子曰:"禄之去公室五世矣,政逮于大夫四世矣,故夫三桓①之子孙微矣。"

【注释】

① 三桓:指鲁国三卿仲孙、叔孙、季孙。

【译文】

孔子说:"鲁国失去国家政权已经有五代了,政权落在大夫之手已经有四代了,所以三桓的子孙也衰微了。"

【辩证解读】

◎孔子对三桓架空鲁君而专权极其不满,他急切地等待三桓衰微,还政于鲁君。

● 社会的发展常常不以人的意志为转移,孔子的主观愿望不适应社会的变化,只能是自寻烦恼。

16.4 孔子曰:"益者三友,损者三友。友直,友谅,友多闻,益矣。友便辟,友善柔,友便佞,损矣。"

【译文】

孔子说:"有益的交友有三种,有害的交友有三种。同正直的人交友,同诚信的人交友,同见闻广博的人交友,这是有益的。同惯于走邪道的人交朋友,同善于阿谀奉承的人交朋友,同惯于花言巧语的人交朋友,这是有害的。"

【辩证解读】

◎孔子在这里讲的是交友之道。他告诫他的学生交友一定要有所选择,要看对方的人品学识,不要和那些惯走歪门邪道、人品道德差的人交朋友,以免给自己带来损害。

● 有些损友一开始并不能够看得清,而是在打过交道、已经成为朋友以后才发现其人品不好。

16.5 孔子曰:"益者三乐,损者三乐。乐节礼乐,乐道人之善,乐多贤友,益矣。乐骄乐,乐佚游,乐晏乐,损矣。"

【译文】

孔子说:"有益的喜好有三种,有害的喜好有三种。以礼乐调节自己为喜好,以称道别人的好处为喜好,以有许多贤德之友为喜好,这是有益的。喜好骄傲,喜欢闲游,喜欢大吃大喝,这就是有害的。"

【辩证解读】

◎人生是美好的,人应该有快乐,有喜好。孔子认为,有益的喜好有三种,即喜好礼乐,喜好表扬别人,喜好交贤德之友;有害的喜好也有三种,即喜好骄傲,喜欢闲游,喜欢大吃大喝。

●"乐道人之善"有利于交朋友及与周围人和谐相处,但真正的好朋友不应该一味地"隐恶扬善",看到朋友的缺点和错误应该以适当的方式提醒其改正。喜欢闲游也是现代旅游的雏形,若闲游作无所事事解释,则是有害的喜好,若闲游作闲暇时郊游解释,就不是有害的喜好。

16.6 孔子曰:"侍于君子有三愆①:言未及之而言谓之躁,言及之而不言谓之隐,未见颜色而言谓之瞽。"

【注释】

① 愆:qiān,过失。

【译文】

孔子说:"侍奉在君子旁边陪他说话,要注意避免犯三种过失:还没有问到你的时候就说话,这是急躁;已经问到你的时候你却不说,这叫隐瞒;不看君子的脸色而贸然说话,这是盲人。"

【辩证解读】

◎孔子提醒自己的学生在上级、长辈或君王跟前说话要避免三个毛病：一是急于表现，二是该说不说，隐瞒自己的观点，三是不看对方的态度，不管不顾地乱说。

◉ 在上级、长辈或君王跟前说话还是自然点为好，没必要表现出一副奴才相。

16.7 孔子曰："君子有三戒：少之时，血气未定，戒之在色；及其壮也，血气方刚，戒之在斗；及其老也，血气既衰，戒之在得。"

【译文】

孔子说："君子有三种事情应引以为戒：年少的时候，血气还不成熟，要戒除对女色的迷恋；等到身体成熟了，血气方刚，要戒除与人争斗；等到老年，血气已经衰弱了，要戒除贪得无厌。"

【辩证解读】

◎孔子将人生分为三个阶段，每个阶段都有最需要注意的事，即少年时戒色，成年后戒斗，老年时戒贪。

◉ 很多人年少时更喜欢争强好胜，喜欢争斗，成年后，仍好女色，至于贪，与年龄关联不大，人生的任何时期都有可能存在贪念。贪官从来不是因为年老才贪污的。

16.8 孔子曰："君子有三畏：畏天命，畏大人，畏圣人之言。小人不知天命而不畏也，狎大人，侮圣人之言。"

【译文】

孔子说："君子有三件敬畏的事情：敬畏天命，敬畏地位高贵的人，敬畏圣人的话。小人不懂得天命，因而也不敬畏，不尊重地位高贵的人，轻侮圣人之言。"

【辩证解读】

◎孔子认为,君子应该有敬畏之心,一要敬畏天命,不能天不怕地不怕;二要敬畏父母、长辈、上级等比自己地位高的人;三要敬畏圣人之言。

● 有敬畏之心是对的,但也不能因"畏天命"而事事求神问佛;不能因"畏大人"而一切唯上是从,事事请示汇报,不担责任;不能因"畏圣人之言"而陷于本本主义。

16.9 孔子曰:"生而知之者,上也;学而知之者,次也;困而学之,又其次也;困而不学,民斯为下矣。"

【译文】

孔子说:"生来就知道的人,是上等人;经过学习以后才知道的,是次一等的人;遇到困难再去学习的,是又次一等的人;遇到困难还不学习,这种人就是下等的人了。"

【辩证解读】

◎孔子勉励他的学生们好好学习,努力做上等人。孔子反复强调他自己不是"生而知之者",因此他应该是希望他的学生们能够做"学而知之者"。

● 单纯靠学习动机而人为划定人之等级的做法不可取,也是阶级论的一种。

16.10 孔子曰:"君子有九思:视思明,听思聪,色思温,貌思恭,言思忠,事思敬,疑思问,忿思难,见得思义。"

【译文】

孔子说:"君子有九种要思考的事:看的时候,要思考看清与否,听的时候,要思考是否听清楚,自己的脸色,要思考是否温和，容貌要思考是否谦恭，言谈的时候，要思考是否忠诚，办事要思考是否谨慎严肃，遇到疑问，要思考是否应该向别人询问，愤怒时，要思考是否有后患，获取财利时，要思考是否合乎义的准则。"

【辩证解读】

◎孔子要求学生对自己的一言一行都要认真思考，从九个方面按照君子的标准进行自我反省。

◉ 如果一个人真按照孔子的要求，在看、听、说等时候都要考虑清楚是否得当，是否合乎规范，君子倒是君子了，但也模式化了，肯定是做事慢慢腾腾、四平八稳的人，千人一面，没有个性。

16.11 子曰："见善如不及，见不善如探汤。吾见其人矣，吾闻其语矣。隐居以求其志，行义以达其道。吾闻其语矣，未见其人也。"

【译文】

孔子说："看到善良的行为，就担心达不到，看到不善良的行动，就好像把手伸到热汤中一样赶快避开。我见到过这样的人，也听到过这样的话。以隐居避世来保全自己的志向，依照义而贯彻自己的主张。我听到过这种话，却没有见到过这样的人。"

【辩证解读】

◎孔子讲了两种人，一种是他听说过也见到过的，这种人见到别人有好的地方就赶紧学习，看到坏人坏事就像要把手伸到热汤中一样赶快避开；另一种是他听说过却没见过，这种人以隐居避世来表达自己的志向，依据道义实现自己的理想。

◉ 其实孔子所列的第二种人历代皆有，一直到现在也有不少人远离闹市人群，过自己想过的生活，不求功名利禄。

16.12 齐景公有马千驷①，死之日，民无德而称焉。伯夷、叔齐饿死于首阳之下，民到于今称之。其斯之谓与？

【注释】

① 驷：四匹马为一驷。

【译文】

齐景公有四千匹马，死的时候，老百姓觉得他没有什么德行可以称颂。伯夷、叔齐饿死在首阳山下，老百姓到现在还称颂他们。说的就是这个意思吧！

【辩证解读】

◎齐景公有四千匹马，很显然他还身居高位，但他死了也就死了，没有留下什么值得老百姓怀念的事情。伯夷、叔齐饿死在首阳山下，老百姓到现在还在称颂他们，因为他们活得高尚，做了许多好事。

◉齐景公没有做多少好事，孔子觉得他的德行也不值得称颂，但历史还是记住了他。

16.13 陈亢①问于伯鱼曰："子亦有异闻乎？"对曰："未也。尝独立，鲤趋而过庭。曰：'学《诗》乎？'对曰：'未也。''不学《诗》，无以言。'鲤退而学诗。他日，又独立，鲤趋而过庭。曰：'学礼乎？'对曰：'未也。''不学礼，无以立。'鲤退而学礼。闻斯二者。"陈亢退而喜曰："问一得三。闻《诗》，闻礼，又闻君子之远其子也。"

【注释】

① 陈亢（gāng）：人名。

【译文】

陈亢问伯鱼："你在老师那里听到过什么特别的教诲吗？"伯鱼回答说："没有呀。有一次他独自站在堂上，我快步从庭里走过。

他说:'学《诗经》了吗?'我回答说:'没有。'他说:'不学《诗经》,就不懂得怎么说话。'我回去就学《诗经》。又有一天,他又独自站在堂上,我快步从庭里走过。他说:'学礼了吗?'我回答说:'没有。'他说:'不学礼就不懂得怎样立身。'我回去就学礼。我就听到过这两件事。"陈亢回去高兴地说:"我提一个问题,得到三方面的收获,听了关于《诗经》的道理,听了关于礼的道理,又听了君子不偏爱自己儿子的道理。"

【辩证解读】

◎这是有关孔子教子的故事。他要求儿子首先要学《诗经》,不学《诗经》就说不好话;其次要学习周礼,不学礼就不懂得如何做人做事。

● 孔子要求自己的儿子学《诗经》、学礼是正确的,但对儿童而言,最重要的是长好身体。孔鲤先孔子而死,是不是与孔子不重视孩子的身体有关呢?

16.14 邦君之妻,君称之曰夫人,夫人自称曰小童;邦人称之曰君夫人,称诸异邦曰寡小君;异邦人称之亦曰君夫人。

【译文】

国君的妻子,国君称她为夫人,夫人自称为小童;国人称她为君夫人,对他国人则称她为寡小君;他国人也称她为君夫人。

【辩证解读】

◎此处讲的是称谓之礼。

● 现在的称谓没有了规范和讲究。

阳货篇第十七

17.1 阳货欲见孔子，孔子不见，归①孔子豚②。孔子时其亡也，而往拜之，遇诸涂。谓孔子曰："来！予与尔言。"曰："怀其宝而迷其邦，可谓仁乎？"曰："不可。""好从事而亟③失时，可谓知乎？"曰："不可。""日月逝矣，岁不我与。"孔子曰："诺，吾将仕矣。"

【注释】

① 归：通"馈"，赠送。

② 豚：乳猪。

③ 亟：屡屡。

【译文】

阳货想见孔子，孔子不见，他便赠送给孔子一只熟小猪，想要孔子去拜见他。孔子打听到阳货不在家时，往阳货家拜谢，却在半路上遇见了。阳货对孔子说："来，我有话要跟你说。"（孔子走过去。）阳货说："把自己的本领藏起来而听任国家迷乱，这可以叫作仁吗？"（孔子回答）说："不可以。"（阳货）说："喜欢参与政事而又屡次错过机会，这可以说是智吗？"（孔子回答）说："不可以。"（阳货）说："时间一天天过去了，年岁是不等人的。"孔子说："好吧，我将要去做官了。"

【辩证解读】

◎阳货是季氏的家臣，孔子痛恨季氏，也就很瞧不上阳货，但阳货非常认可孔子的品德和才气，总想请孔子出山与他共同辅佐季氏。这里讲的就是阳货见孔子的故事。孔子虽然不想与阳货交往，但在阳货主动上门送礼之后还是想出一个既不失礼，又能避开见面的方式回礼，不巧半路遇见阳货，被阳货逮着连连质问。孔子虽然温和地回应了阳货，但最终还是坚定地坚持了自己的立场。

● 孔子对季氏的痛恨主要是因为季氏僭越君王，以大夫身份长期把持鲁国朝政。季氏颠倒了君臣关系，破坏了周礼所规定的秩序和制度。因此，孔子所维护的并不是鲁国民众的利益福祉，而是鲁君的利益以及原有的制度。

17.2 子曰："性相近也，习相远也。"

【译文】

孔子说："人的本性是相近的，由于习染不同才相互有了差别。"

【辩证解读】

◎ 人刚出生的时候是差不多的，个体间的差异是后天形成的。

● 根据遗传学的理论，人与人之间在未出生之前就有差异。

17.3 子曰："唯上知与下愚不移。"

【译文】

孔子说："只有上等的智者与下等的愚者是改变不了的。"

【辩证解读】

◎ "上知"是指高贵而有智慧的人；"下愚"指卑贱而又愚蠢的人，这两类人是很难改变的。

● 阶级固化是各个国家、各个朝代都存在的现象，但底层人上位、穷人逆袭和王孙贵族落魄的故事历代都层出不穷。

17.4 子之武城，闻弦歌之声。夫子莞尔而笑，曰："割鸡焉用牛刀？"子游对曰："昔者偃也闻诸夫子曰：'君子学道则爱人，小人学道则易使也。'"子曰："二三子！偃之言是也。前言戏之耳。"

【译文】

孔子到武城，听见弹琴唱歌的声音。孔子微笑着说："杀鸡何必用宰牛的刀呢？"子游回答说："以前我听先生说过：'君子学习了礼乐就能爱人，小人学习了礼乐就容易指使。'"孔子说："学生们，言偃的话是对的。我刚才说的话，只是开个玩笑而已。"

【辩证解读】

◎孔子到了子游当政的武城时听到城内有弦歌之声，很显然普通老百姓也学习了礼乐。孔子咧嘴而笑，说"割鸡焉用牛刀"，意思是有点儿小题大做。子游马上用孔子以前说过的话为自己的做法辩护，孔子赶紧说自己是说玩笑话，收回了自己的话。

◉孔子骨子里还是看不起底层老百姓，他认为让老百姓学习礼乐是小题大做。

17.5 公山弗扰①以②费畔③，召，子欲往。子路不说，曰："末之也已④，何必公山氏之之也。"子曰："夫召我者，而岂徒哉？如有用我者，吾其为东周乎？"

【注释】

① 公山弗扰：鲁国大夫季孙氏的家臣。

② 以：占据。

③ 畔：通"叛"，反叛。

④ 末之也已：末，没有地方；之，往；已，止。

【译文】

公山弗扰盘踞在费邑反叛，来召孔子，孔子准备前去。子路不高兴地说:"没有地方去就算了,为什么一定要去公山弗扰那里呢?"孔子说:"他来召我,难道只是一句空话吗?如果有人用我,我就要在东方复兴周礼,建设一个东方的西周。"

【辩证解读】

◎公山弗扰是季氏的部下,他造反之后想请孔子前去协助理政,孔子声称要去,子路听了非常不高兴。在子路看来,公山弗扰是个犯上作乱的人,费邑也是一个小地方,老师难道就没地方可去了吗?孔子回答说是他要请我去,又不是我自己要去。况且有人肯用我,我也正好可以在那个地方复兴周礼。

●据考证,孔子最终并没有去费邑辅佐公山弗扰,但他动过这个念头应该是可能的。季氏于鲁君是犯上,公山弗扰对季氏也是犯上,对象不同,但性质一样。孔子若真去了就是对他自己理念的背叛。后世的许多人为孔子开脱,说他是跟子路开玩笑,故意逗他玩呢。

17.6 子张问仁于孔子。孔子曰:"能行五者于天下为仁矣。""请问之。"曰:"恭、宽、信、敏、惠。恭则不侮,宽则得众,信则人任焉,敏则有功,惠则足以使人。"

【译文】

子张向孔子问仁。孔子说:"能够处处实行五种品德,就是仁人了。"子张说:"请问是哪五种。"孔子说:"庄重、宽厚、诚实、勤敏、慈惠。庄重就不致遭受侮辱,宽厚就会得到众人的拥护,诚信就能得到别人的任用,勤敏就会提高工作效率,慈惠就能够使唤人。"

【辩证解读】

◎孔子列举了成为仁人需做到五个方面的事情,第一是恭,即按照周礼约束自己的行为;第二是宽,即能够宽以待人,包容别人的缺点和错误；第三是信，即有诚信，值得别人信任；第四是敏，即一说就做，有执行力；第五是惠，即为周围和手下人的利益着想。他随后讲了做到这五个方面的结果和好处。

◉ 仁人实际上就是全人。一种理想人格，在某一个时间段做到或许并不十分困难，但长期甚至于一辈子都能按照孔子这个标准做到是一件非常困难的事情。因此，这五个方面可以成为自我鞭策及修身的标准。

17.7 佛肸^①召，子欲往。子路曰："昔者由也闻诸夫子曰：'亲于其身为不善者，君子不入也。'佛肸以中牟畔，子之往也，如之何？"子曰："然，有是言也。不曰坚乎，磨而不磷^②；不曰白乎，涅而不缁^③。吾岂匏瓜也哉？焉能系而不食？"

【注释】

① 佛肸（xī）：人名，当时中牟县长。

② 磷：lìn，薄。

③ 涅（niè）而不缁（zī）：涅，染黑；缁，黑色。

【译文】

佛肸召孔子去，孔子打算前往。子路说："从前我听先生说过：'自身做过坏事的人那里，君子是不去的。'现在佛肸依据中牟而反叛，你却要去，这如何解释呢？"孔子说："是的，我说过这样的话。不是说坚硬的东西磨也磨不坏吗；不是说洁白的东西染也染不黑吗。我难道是个苦味的葫芦吗？怎么能只挂在那里而不给人吃呢？"

【辩证解读】

◎ 佛肸是晋国大夫范氏家臣，跟公山弗扰一样反叛了，也邀请孔子前往辅政，孔子又动心了，子路又出来劝阻。他还是用孔子自己以前教育他们的话来说服孔子。孔子这次有点儿急，拿出一套新的说辞反驳子路。他认为自己本质好,思想坚定,不管身处何地,面对什么人都不会改变初心的。他不能一辈子就像一个葫芦一样,只能挂在那里供人观看而没有实用价值。

● 子路用孔子教育学生的话劝阻孔子,非常有理有力。据考证,孔子这次还是没有能够成行。我们可以看出孔子急于从政、急于当官,也可以看出他急于复兴周礼的迫切心情。

17.8 子曰:"由也,女闻六言①六蔽矣乎?"对曰:"未也。""居,吾语女。好仁不好学,其蔽也愚;好知不好学,其蔽也荡;好信不好学,其蔽也贼;好直不好学,其蔽也绞;好勇不好学,其蔽也乱;好刚不好学,其蔽也狂。"

【注释】

① 六言:即仁、知、信、直、勇、刚。其实就是六种品德。

【译文】

孔子说:"由呀,你听说过六种品德和六种弊病了吗?"子路回答说:"没有。"孔子说:"坐下,我告诉你。爱好仁德而不爱好学习,它的弊病是受人愚弄;爱好智慧而不爱好学习,它的弊病是行为放荡;爱好诚信而不爱好学习,它的弊病是危害亲人;爱好直率却不爱好学习,它的弊病是说话尖刻;爱好勇敢却不爱好学习,它的弊病是犯上作乱;爱好刚强却不爱好学习,它的弊病是狂妄自大。"

【辩证解读】

◎孔子教育学生修身过程中要防止六种弊端,第一种是爱好仁德而不爱学习,这样的人一味做好人而不辨是非善恶,最终的结果是受人愚弄;第二种人是爱好智慧而不爱学习,爱要小聪明,以为自己有学问就喜好卖弄显摆,做事就放荡不羁;第三种是爱好诚信而不爱好学习,非常自信，自以为是；第四种是爱好直率却不爱好学习，说话直来直去，出口伤人；第五种是爱好勇敢却不爱好学习，一言不合就动武，喜好惹是生非；第六种是爱好刚强却不爱好学习，自以为公正无私，常常以铁面示人，实际上是狂妄自大之人。

● 人的天性及遗传在很大程度上决定一个人的心理和行为方式，后天的教育和修养，以及所处的社会和生活环境也发挥作用。做一个能够符合孔子要求的仁人实在是一件不容易的事情，尤其在这六个方面做得恰到好处需要艰苦而长期的修炼。

17.9 子曰："小子何莫学夫诗。诗，可以兴，可以观，可以群，可以怨。迩①之事父，远之事君；多识于鸟兽草木之名。"

【注释】

① 迩：ěr，近。

【译文】

孔子说："学生们为什么不学习诗呢？学诗可以激发志气，可以观察天地万物及人间的盛衰与得失，可以使人懂得合群的必要，可以使人懂得怎样去讽谏上级。近可以用来侍奉父母，远可以侍奉君主；还可以多知道一些鸟兽草木的名字。"

【辩证解读】

◎孔子此处讲了学诗的种种益处，诗的内容包罗万象，涉及方方面面的知识。学诗既可以拓宽知识面，培养性情，又可以提高修养和为人处事的能力。

● 学诗虽益处颇多，却不能成为人的主业，只能作为一种爱好和才能对待。李煜作为一代词宗，对诗词不可谓不精通，但还是成了亡国之君。

17.10 子谓伯鱼曰:"女为①《周南》《召南》矣乎？人而不为《周南》《召南》，其犹正墙面而立也与？"

【注释】

① 为：研究。

【译文】

孔子对伯鱼说:"你学习《周南》《召南》了吗？一个人如果不学习《周南》《召南》，那就像面对墙壁而站着吧？"

【辩证解读】

◎《周南》《召南》是《诗经·国风》中的第一、第二两部分篇名。周南和召南都是地名。这是当地的民歌。孔子在这里认为其有极高的学习价值。

◉《周南》诗歌主要是楚国汉、汝流域的民歌，包括巴国的民歌；《召南》中的诗歌主要是蜀国江、沱流域的民歌，也包括巴国的民歌。巴国在历史上是并入了周王朝的疆域，因此，可以推断孔子推崇《周南》《召南》应该有政治上的原因，还是想推行周礼。

17.11 子曰:"礼云礼云，玉帛云乎哉？乐云乐云，钟鼓云乎哉？"

【译文】

孔子说:"礼呀，礼呀，只是说的玉帛之类的礼器吗？乐呀，乐呀，只是说的钟鼓之类的乐器吗？"

【辩证解读】

◎礼和乐所涉及的不仅仅是礼器和乐器，重要的是形式和内容的完美统一，更为重要的是实践及对自我行为和生活的影响。后世许多学者认为孔子这段话中的礼应该主要强调敬，即敬君、敬父；乐应该主要强调和，即和谐。

● 礼和乐应该是先有形式,后有内容,没有适合的乐器也就很难有悦耳动听、感天动地的乐曲。

17.12 子曰:"色厉而内荏,譬诸小人,其犹穿①窬②之盗也与?"

【注释】

① 穿:在墙上打洞。

② 窬:yú,翻墙。

【译文】

孔子说:"外表严厉而内心虚弱,以小人做比喻,就像是挖墙洞的小偷吧?"

【辩证解读】

◎孔子此处批评那些表里不一、外强中干、善于虚张声势的人,顺便又把小人比喻成了偷挖墙洞的小偷。

● 任何人都很难做到在任何时候都表里如一,每个人都有脆弱和软弱的时候,都有不得不强撑硬撑的情况。

17.13 子曰:"乡愿,德之贼也。"

【译文】

孔子说:"没有道德修养的伪君子,就是破坏道德的人。"

【辩证解读】

◎孔子所说的"乡愿",就是指那些表里不一、言行不一的伪君子,这些人欺世盗名,却可以堂而皇之地自我炫耀,以名人和名流自居。这些人是伪君子,是道德的败坏者。

● 孔子在此处对究竟什么样的人代表乡愿没有做详细的解释和说明。我们可以猜想,在那个时候乡愿应该是一个常用概念,人们对这个词的理解应该也是不约而同的。后世学者对于乡愿的解释有很多，有的人甚至认为颜渊就是一个乡愿。

17.14 子曰："道听而涂说，德之弃也。"
【译文】
孔子说："在路上听到传言就到处去传播，这是道德所唾弃的。"
【辩证解读】
◎孔子认为传小话，传播小道消息或谣言都是不道德的行为。
◉所谓无风不起浪，小道消息有时候就是民间口口相传的真实消息。特别是当言路不畅、舆论控制大行其道的时候，小道消息就成了人们赖以获取信息的渠道。

17.15 子曰："鄙夫可与事君也与哉？其未得之也，患得之。既得之，患失之。苟患失之，无所不至矣。"
【译文】
孔子说："可以和一个鄙夫一起侍奉君主吗？他在没有得到官位时，总担心得不到。已经得到了，又怕失去它。如果他担心失掉官职，那他就什么事都能干得出来。"
【辩证解读】
◎孔子认为，和一个道德品格比较低下的人一起服务君主是一件很困难的事，因为这种人没有仁德之心，一心只想当官，当了官就会为了保住官位而无所不为。
◉其实按照孔子的理论，想得到官位和担心失去官位都不是不道德的事情，孔子所教大部分内容就是有关"干禄"的事情，重要的是不能利用权力干坏事。

17.16 子曰："古者民有三疾，今也或是之亡也。古之狂也肆，今之狂也荡；古之矜也廉①，今之矜也忿戾；古之愚也直，今之愚也诈而已矣。"

【注释】

① 廉：本义是器物的棱角，引申为行为方正有威。

【译文】

孔子说："古代人有三种毛病，现在恐怕连这三种毛病也不是原来的样子了。古代的狂者不过是愿望太高，而现在的狂者却是放荡不羁；古代骄傲的人不过是难以接近，现在那些骄傲的人却是凶恶蛮横；古代愚笨的人不过是直率一些，现在的愚笨者却是欺诈啊。"

【辩证解读】

◎孔子在这里用古今人们常见的三种毛病来说明人心不古、世风日下的社会现实。这三种毛病就是狂、矜、愚。古人亦狂、矜、愚，但古人不过分，有底线；今人则没有了底线，思想、情感和行为失去了约束与控制。

◉孔子所强调的是今不如昔，其实古人究竟是什么样子，究竟如何行为都没有十分具体的历史记载和描述。按照人类的进化史和人类文明的发展规律，人类从整体上讲还是逐步走向文明的。

17.17 子曰："巧言令色，鲜矣仁。"

【译文】

孔子说："说着讨巧的言辞，露出虚伪的笑脸，这样的人很少怀有仁德之心。"

【辩证解读】

◎此句已见于《学而篇》第一之第三章，此处系重出。仁德是实实在在的，要从日常具体的思想、行为和活动中表现出来，而不是说得好听，装腔作势。

◉ 一些人对温、良、恭、俭、让的理解常常就是说得好听，做得周正，能够讨好讨巧，人人满意。

17.18 子曰："恶紫之夺①朱也，恶郑声之乱雅乐也，恶利口之覆邦家者。"

【注释】

① 夺：取代。春秋时，紫色已逐渐取代朱色的正色地位。

【译文】

孔子说："我厌恶用紫色取代红色，厌恶用郑国的声乐扰乱雅乐，厌恶用伶牙俐齿而颠覆国家这样的事情。"

【辩证解读】

◎ 按照传统和规矩，红色是正色，紫色是杂色；雅乐是先王之乐，郑声是靡靡之音。用伶牙俐齿、歪理邪说颠覆国家都是令人厌恶的行为。

◉ 对颜色的偏好无关道德，雅乐和郑声可以各发其声，各显其美。一个国家如果仅仅凭言语就能颠覆的话，说明这个国家极其虚弱落后，崩溃也是自然而然的事情了。

17.19 子曰："予欲无言。"子贡曰："子如不言，则小子何述焉？"子曰："天何言哉？四时行焉，百物生焉，天何言哉？"

【译文】

孔子说："我不想再说什么了。"子贡说："您如果不说话，那么我们这些学生还传述什么呢？"孔子说："天何尝说话呢？四季照常运行，百物照样生长，天说了什么话呢？"

【辩证解读】

◎孔子在这里讲的是行动强于言语,身教胜于言传的道理。同时他的这段话也彰显了上天的伟大力量。

◉《论语》就是言传的成果,后世人们主要通过这本书来了解孔子及其学生的思想和行为。孔子认识到了大自然有其自己的运行规律,但他并没有让他的学生们对这种规律做深入细致的探索和研究。

17.20 孺悲①欲见孔子,孔子辞以疾。将命者出户,取瑟而歌,使之闻之。

【注释】

① 孺悲:人名,鲁国人。

【译文】

孺悲想见孔子,孔子以有病为由推辞不见。传话的人刚出门,(孔子)便取来瑟边弹边唱,(有意)让孺悲听到。

【辩证解读】

◎鲁哀公曾派孺悲向孔子学礼,但很显然孔子对这个学生不满意,他用一种间接的方式表达了这种情绪。人们猜想孔子是想让孺悲自我反省,修正自己。孔子在这里行的是不言之教。

◉孔子一向倡导温、良、恭、俭、让,但此处对待孺悲的做法却一点儿也不君子。

17.21 宰我问:"三年之丧,期已久矣。君子三年不为礼,礼必坏;三年不为乐,乐必崩。旧谷既没,新谷既升,钻燧改火①,期②可已矣。"子曰:"食夫稻,衣夫锦,于女安乎?"曰:"安。""女安,则为之。夫君子之居丧,食旨不甘,闻乐不乐,居处③不安,故不为也。今女安,则为之!"宰我出。子曰:"予之不仁也！子生三年，然后免于父母之怀，夫三年之丧，天下之通丧也。予也有三年之爱于其父母乎？"

【注释】

① 钻燧改火：古代钻木取火的木头，随季节而变化。四季不同，一年一轮回。

② 期：jī，一年。

③ 居处：此处指平时的居住。

【译文】

宰我问："服丧三年，时间太长了。君子三年不讲究礼仪，礼仪必然败坏；三年不演奏音乐，音乐就会荒废。旧谷吃完，新谷登场，钻燧取火的木头轮过了一遍，有一年的时间就可以了。"孔子说："（才一年的时间）你就吃上了大米饭，穿起了锦缎衣，你心安吗？"宰我说："我心安。"孔子说："你心安，你就那样去做吧。君子守丧，吃美味不觉得香甜，听音乐不觉得快乐，住在家里不觉得舒服，所以不那样做。如今你既觉得心安，你就那样去做吧！"宰我出去了。孔子说："宰予真是不仁啊！小孩生下来，到三岁时才能离开父母的怀抱，服丧三年，这是天下通行的丧礼。难道宰予对他的父母没有三年的爱吗？"

【辩证解读】

◎这一段说的是孔子和他的弟子宰我之间，围绕丧礼应服三年还是一年的问题展开的争论。孔子的意见是孩子生下来以后，要经过三年才能离开父母的怀抱，所以父母去世后，子女也应该为父母守三年丧。这是必不可少的。所以，他批评宰我"不仁"。

◉宰我的意见其实是比较人道，也比较合理的。当时的人们平均寿命本来就比现在低很多，一生要花至少六年的时间为父母守丧确实是占用了太多的有效生命时间。

17.22 子路曰:"饱食终日,无所用心,难矣哉!不有博弈^①者乎?为之,犹贤乎已。"

【注释】

① 博弈:下棋。

【译文】

孔子说:"整天吃饱了饭,什么心思也不用,真太难了!不是还有下棋的游戏吗?干这个也比闲着好。"

【辩证解读】

◎整日吃饱了饭就无所事事,这样的日子也不好过,会很无聊。实在不行还不如玩下棋的游戏呢。

◉ 正常人很难做到"饱食终日,无所用心"。现在有太多的人吃饱了饭,无所事事,闲得无聊,常常就赌博玩游戏去了,做得过分的人,甚至废寝忘食,沉湎于其中。

17.23 子路曰:"君子尚勇乎?"子曰:"君子义以为上。君子有勇而无义为乱,小人有勇而无义为盗。"

【译文】

子路说:"君子崇尚勇敢吗?"孔子答道:"君子以义作为最高尚的品德。君子有勇无义就会作乱,小人有勇无义就会偷盗。"

【辩证解读】

◎孔子主张"勇"应该用"义"来规范,君子不能凭一时之气而勇,必须是出乎正义而勇。小人为了利益而勇必然会成为盗贼。

◉ 君子既以义为上,又怎么可能无义呢?既已无义,又怎么还能称为君子呢?自相矛盾。

17.24 子贡曰:"君子亦有恶^①乎?"子曰:"有恶。恶称人之恶者，恶居下流而讪②上者，恶勇而无礼者，恶果敢而窒者。"曰："赐也亦有恶乎？""恶徼③以为知者，恶不孙以为勇者，恶讦④以为直者。"

【注释】

① 恶：wù，厌恶。
② 讪：shàn，诋毁。
③ 徼：jiāo，抄袭，据为己有。
④ 讦：jié，揭发别人的隐私。

【译文】

子贡说："君子也有厌恶的事吗？"孔子说："有厌恶的事。厌恶宣扬别人坏处的人，厌恶身居下位而诽谤在上者的人，厌恶勇敢而不懂礼节的人，厌恶固执而又不通事理的人。"孔子又说："赐，你也有厌恶的事吗？"子贡说："厌恶偷袭别人的成绩而作为自己的知识的人，厌恶把不谦虚当作勇敢的人，厌恶揭发别人的隐私而自以为直率的人。"

【辩证解读】

◎孔子强调"仁者爱人"，但君子也是爱憎分明的人。君子爱善人好人，但对恶人恶行也旗帜鲜明地排斥和反对。

● 孔子"恶居下流而讪上者"，这句话体现的不是一种平等的思想，不管身处何种地位的人，诽谤别人都不是一种好的行为。其实，居上位者诽谤别人可能造成的伤害更大。

17.25 子曰："唯女子与小人为难养也，近之则不孙，远之则怨。"

【译文】

孔子说："只有女子和小人是难以教养的，亲近他们，他们就会无礼，疏远他们，他们就会报怨。"

【辩证解读】

◎孔子将女子等同于小人。儒家的这一思想主张后来演变为"男尊女卑""夫为妻纲"的男权主义。

⊙男女平等早已成为人们的共识。

17.26 子曰："年四十而见恶焉，其终也已。"
【译文】

孔子说："到了四十岁的时候还被人所厌恶，他这一生也就终结了。"

【辩证解读】

◎孔子那个时候人的平均寿命不到五十岁，四十岁对大多数人而言，有效生命已经差不多结束了。孔子讲他自己是"四十而不惑"，如果年届四十仍然为人们所讨厌，那他肯定还不是一个君子。

⊙现代人寿命比古人长多了，四十岁能改变自我还不晚，所谓"放下屠刀，立地成佛""浪子回头金不换"。

微子篇第十八

18.1 微子^①去之,箕子为之^②奴,比干谏而死。孔子曰:"殷有三仁焉。"

【注释】

① 微子:名启,纣王兄。

② 之:代词,指纣王。

【译文】

微子离开了纣王,箕子做了他的奴隶,比干被杀死了。孔子说:"这是殷朝的三位仁人啊。"

【辩证解读】

◎孔子对殷朝的三位仁人大加赞赏,微子是"邦无道则隐",箕子是"邦无道则愚",比干是"舍生取义"。

● 三位仁人对纣王的暴政都应该奋起反抗,而不仅仅是劝谏。三位仁人都对纣王的暴政进行了劝谏,但是没起到任何作用。仁人的作用和影响并没有发挥出来。

18.2 柳下惠为士师,三黜^①。人曰:"子未可以去乎?"曰:"直道而事人,焉往而不三黜?枉道而事人,何必去父母之邦?"

【注释】

① 黜:罢免。

【译文】

柳下惠当典狱官,三次被罢免。有人说:"你不可以离开鲁国吗?"柳下惠说:"按正道侍奉君主,到哪里不会被多次罢官呢?如果不按正道侍奉君主,为什么一定要离开本国呢?"

【辩证解读】

◎柳下惠深知好官不好当,他虽然三次被罢官,还是坚持正道,痴心不改。

◉既然明白诸邦皆无道,天下乌鸦一般黑,就应该早点隐而不仕。

18.3 齐景公待孔子曰:"若季氏,则吾不能;以季、孟之间待之。"曰:"吾老矣,不能用也。"孔子行。

【译文】

齐景公谈论孔子的待遇时说:"像鲁君对待季氏那样,我做不到;我用介于季氏、孟氏之间的待遇对待他吧。"又说:"我老了,不能任用你了。"孔子离开了齐国。

【辩证解读】

◎齐景公知道孔子的盛名,但说来说去就是不想用他,孔子只好离开齐国。也有人考证,本来齐景公赏识孔子,但有大夫晏婴反对而作罢。后又有人想加害于孔子,齐景公无法提供保护,孔子只好离开齐国返鲁。

◉可以看出,当时的齐国也是大臣专权,君权旁落,应该是属于无道之邦。按照"邦无道则隐"的原则,孔子压根就不应该前往齐国求官。

18.4 齐人归女乐,季桓子受之,三日不朝。孔子行。

【译文】

齐国人赠送了一些歌女给鲁国,季桓子接受了,三天不上朝。

于是孔子离开了。

【辩证解读】

◎孔子是正人君子，受不了季桓子和鲁君沉湎于声色犬马而不理朝政的行为，于是就离开鲁国了。

◉孔子不应该一气之下就拂袖而去，应该耐心劝谏，也许鲁君和国相会幡然悔悟。

18.5 楚狂接舆歌而过孔子曰："凤兮凤兮！何德之衰？往者不可谏，来者犹可追。已而已而！今之从政者殆而！"孔子下，欲与之言。趋而辟之，不得与之言。

【译文】

楚国的狂人接舆唱着歌从孔子的车旁走过，他唱道："凤凰啊，凤凰啊！你的德运怎么这么衰弱呢？过去的已经无可挽回，未来的还来得及改正。算了吧，算了吧！今天的执政者危乎其危！"孔子下车，想同他谈谈，他却赶快避开，孔子没能和他交谈。

【辩证解读】

◎关于"楚狂接舆"，一说楚国的狂人接孔子之车；一说楚国叫接舆的狂人；一说楚国狂人姓接名舆。本书采用第二种说法。这接舆应该是提醒孔子天下无道，礼乐崩坏，无可挽回，有智慧的人应该退隐山野。

◉孔子对当时的社会现实极其不满，也告诫学生"邦无道则隐"，但他自己一直不气馁，不放弃，做官之心一直不死。

18.6 长沮、桀溺耦而耕。孔子过之，使子路问津焉。长沮曰："夫执舆者为谁？"子路曰："为孔丘。"曰："是鲁孔丘与？"曰："是也。"曰："是知津矣。"问于桀溺。桀溺曰："子为谁？"曰：

"为仲由。"曰:"是鲁孔丘之徒与?"对曰:"然。"曰:"滔滔者天下皆是也,而谁以易之?且而①与其从辟②人之士也,岂若从辟世之士哉?"耰③而不辍。子路行以告。夫子怃④然曰:"鸟兽不可与同群,吾非斯人之徒与而谁与?天下有道,丘不与易也。"

【注释】

① 而:通"尔"。

② 辟:通"避"。

③ 耰:yōu,播种之后,再以土覆盖。

④ 怃:wǔ,怅惘失意。

【译文】

长沮、桀溺在一起耕种。孔子路过,让子路去寻问渡口在哪里。长沮问子路:"那个拿着缰绳的是谁?"子路说:"是孔丘。"长沮说:"是鲁国的孔丘吗?"子路说:"是的。"长沮说:"那他是早已知道渡口的位置了。"子路再去问桀溺。桀溺说:"你是谁?"子路说:"我是仲由。"桀溺说:"你是鲁国孔丘的门徒吗?"子路说:"是的。"桀溺说:"像洪水一般的坏东西到处都是,你们同谁去改变它呢?而且你与其跟着躲避人的人,为什么不跟着我们这些躲避社会的人呢?"说完,仍旧不停地做田里的农活。子路回来后把情况报告给孔子。孔子很失望地说:"人是不能与飞禽走兽合群共处的,如果不同世上的人群打交道还与谁打交道呢?如果天下太平,我就不会与你们一道来从事改革了。"

【辩证解读】

◎ 子路本来是问路于长沮、桀溺,但两位避世高人却与子路谈论了一番人生之路。他们认为孔子的人生之道完全是错的。长沮出言对孔子讽刺挖苦。桀溺对子路爱答不理,直接告诉子路别再跟着孔子混了。孔子对长沮、桀溺的话进行了驳斥。他认为,正因为社会动乱、天下无道,他才与自己的弟子们不知辛苦地四处呼吁，为社会改革而努力。他坚定地表示他不会认同他们俩人的看法。他会坚定地带领学生走自己的路。

◉ 孔子也说过"君子无道则隐，有道则出"，但孔子此处却反对隐居避世，看来他所强调的应该是避祸之策。或者孔子认为他的理论可以扭转天下无道的现状，所以即使四处碰壁也意志坚定。

18.7 子路从而后，遇丈人，以杖荷蓧①。子路问曰："子见夫子乎？"丈人曰："四体不勤，五谷不分，孰为夫子？"植其杖而芸。子路拱而立。止子路宿，杀鸡为黍而食之。见其二子焉。明日，子路行以告。子曰："隐者也。"使子路反见之。至，则行矣。子路曰："不仕无义。长幼之节，不可废也；君臣之义，如之何其废之？欲洁其身，而乱大伦。君子之仕也，行其义也。道之不行，已知之矣。"

【注释】

① 蓧：diào，古代除草用的农具。

【译文】

子路跟随孔子出行，落在了后面，遇到一个老丈，用拐杖挑着除草的工具。子路问道："你看到我的老师了吗？"老丈说："四肢不勤劳，五谷分不清，哪个是夫子？"说完，便扶着拐杖去除草。子路拱着手恭敬地站在一旁。老丈留子路到他家住宿，杀了鸡，做了小米饭给他吃。还叫两个儿子出来与子路见面。第二天，子路赶上孔子，把这件事向他做了报告。孔子说："这是个隐士啊。"叫子路回去再看看他。子路到了那里，老丈已经走了。子路说："不做官是不对的。长幼间的关系是不可能废弃的；君臣间的关系怎么能废弃呢？想要自身清白，却破坏了根本的君臣伦理关系。君子做官，只是为了实行君臣之义的。至于道的行不通，早就知道了。"

【辩证解读】

◎老丈一开始明显不认可孔子不事生产,只顾四处游说的做法,但子路恭敬的态度和礼让的行为让他顿生好感,遂让子路留宿,好生招待,并且让两个儿子与子路相见。孔子由此推断老丈是一位避世高人。但当子路奉孔子之命返回相见时却已经不见了踪影。子路随后有感而发,他认为,既然是高人就应当为国效力,并以家庭伦理和君臣道义相比,认为二者都不可废。有能力却不做官就是放弃了道义。

◉隐居避世是一种生活态度和方式,尤其身逢乱世之时更是一种理智的避祸方式。"君臣之义"是无法与家庭伦理相提并论的,君不贤,则臣可以不义;血亲关系则很难切割。做官不是义务,也不一定是责任,家庭则不然,养育子女、侍奉父母、帮助兄弟姊妹是每个成年人不可推卸的责任和义务。

18.8 逸①民:伯夷、叔齐、虞仲、夷逸、朱张、柳下惠、少连。子曰:"不降其志,不辱其身,伯夷、叔齐与?"谓柳下惠、少连,"降志辱身矣,言中伦,行中虑,其斯而已矣"。谓虞仲、夷逸,"隐居放言,身中清,废中权"。"我则异于是,无可无不可。"

【注释】

① 逸:通"佚",遗落。

【译文】

被遗落的人才有:伯夷、叔齐、虞仲、夷逸、朱张、柳下惠、少连。孔子说:"不降低自己的意志,不屈辱自己的身份,这是伯夷、叔齐吧。"说柳下惠、少连是"被迫降低自己的意志,屈辱自己的身份,但说话合乎伦理,行为合乎人心"。说虞仲、夷逸"过着隐居的生活,说话很随便,能洁身自爱,离开官位合乎权宜。""我却同这些人不同,没有什么可以,也没有什么不可以。"

【辩证解读】

◎孔子列举了一些逸民,并对他们的精神和行为大加赞赏。他最佩服的是伯夷、叔齐,这两人连皇帝的位置都不要,真正做到了不降其志,不辱其身。其次是柳下惠和少连,柳下惠三起三落,不得不降其志,辱其身。不过这两人能够坚守"中伦"。再其次如虞仲、夷逸,他们隐居避世,在山林中评论时世,指点江山,他们是逃兵。孔子自认为自己与这些人不同,时代不需要时可以隐,时代需要时则出。

◉孔子"无可无不可"是一种灵活的思想,虽然表现出他善于变通,但也说明他坚守不够,缺乏原则性。

18.9 大师挚适齐,亚饭^①干适楚,三饭缭适蔡,四饭缺适秦,鼓方叔入于河,播鼗^②武入于汉,少师阳、击磬襄入于海。

【注释】

① 亚饭:古代天子诸侯用饭要奏乐,乐官有"亚饭""三饭""四饭"等。

② 鼗:táo,有柄的小鼓。

【译文】

太师挚到齐国去了,亚饭干到楚国去了,三饭缭到蔡国去了,四饭缺到秦国去了,打鼓的方叔到了黄河边,敲小鼓的武到了汉水边,少师阳和击磬的襄到了海滨。

【辩证解读】

◎鲁国的礼乐大家都散落各地了,人才尽失,代表着礼乐在鲁国的衰落,也暗示鲁国在走向衰落。

● 乐的衰落是社会文化的一种变迁，或许仅仅是人们娱乐和欣赏方式发生变化而已，不一定就能代表整个社会的没落。

18.10 周公谓鲁公曰："君子不施①其亲，不使大臣怨乎不以。故旧无大故，则不弃也。无求备于一人。"

【注释】

① 施：通"弛"，疏远。

【译文】

周公对鲁公说："君子不疏远他的亲属，不使大臣们抱怨不用他们。旧友、老臣没有大的过失，就不要抛弃他们。不要对人求全责备。"

【辩证解读】

◎孔子在此处引用周公对他儿子鲁公的教诲来说明为君之道。首先是不疏离亲属；其次是不要让大臣们心有怨气；然后是要念旧，旧友老臣没有大的过失，就不要抛弃他们。最重要的是不要求全责备。

● 善待亲属臣下和故旧是应该的，但与此同时，还要讲原则，立规矩，用法律和制度约束亲属和属下。求全责备不对，一味姑息也不行。

18.11 周有八士：伯达、伯适、伯突、仲忽、叔夜、叔夏、季随、季騧①。

【注释】

① 季騧（guā）：人名。

【译文】

周代有八个士：伯达、伯适、伯突、仲忽、叔夜、叔夏、季随、季騧。

【辩证解读】

◎这八个人是周朝兴起的功臣,孔子十分怀念他们,希望类似的人才还能出现。

⦿对孔子而言,传说中的古代一切都是美好的,人才也是古代的好。

子张篇第十九

19.1 子张曰："士见危致命，见得思义，祭思敬，丧思哀，其可已矣。"

【译文】

子张说："士遇见危险时能献出自己的生命，看见有利可得时能考虑是否符合义的要求，祭祀时能想到是否严肃恭敬，居丧的时候能想到自己是否哀伤，这样就可以了。"

【辩证解读】

◎士在需要自己献出生命的时候，他可以毫不犹豫地勇于献身。同样，在有利可得的时候，他往往想到这样做是否符合义的规定。祭祀的时候表现出尊敬，居丧的时候表现出哀伤。

●"见危致命"要考虑是何种危，国家民族危亡之时，作为士当然要不顾危险投身于救亡图存，当国家民族利益受到损害时，也要挺身而出。但日常生活中就要理性对待，看是否是该救之危，或可救之危。

19.2 子张曰："执德不弘，信道不笃，焉能为有？焉能为亡？"

【译文】

子张说："实行德而不能发扬光大，信仰道而不忠实坚定，（这样的人）怎么能说有，又怎么说没有？"

【辩证解读】

◎品德高尚要看实际行动，信仰正道必须坚定不移。

● 德与道在不同的时期有不同的衡量标准，每个人对德与道的理解也不相同。比如，私德在封建社会备受推崇，现在倡导的是遵守社会公德。再比如，汉武帝刘彻对长生不老之术执迷不悟，其连年对外用兵，侈奢无度，四处巡游，再加迷信神仙，求长生不老，听信方士之言，大兴土木，致使国库空虚，户口减半，人民不堪其苦，暴动四起。他直到风烛残年才醒悟。刘彻对长生术不可谓不忠实坚定，但却不是正道。无论是德还是道，首先要判断是否是正道或公德，是否与时代相符。

19.3 子夏之门人问交于子张。子张曰："子夏云何？"对曰："子夏曰：'可者与之，其不可者拒之。'"子张曰："异乎吾所闻：君子尊贤而容众，嘉善而矜不能。我之大贤与，于人何所不容？我之不贤与，人将拒我，如之何其拒人也？"

【译文】

子夏的学生向子张寻问怎样结交朋友。子张说："子夏是怎么说的？"答道："子夏说：'可以相交的就和他交朋友，不可以相交的就拒绝他。'"子张说："我所听到的和这些不一样：君子既尊重贤人，又能容纳众人，能够赞美善人，又能同情能力不够的人。如果我是十分贤良的人，那我对别人有什么不能容纳的呢？如果我不贤良，那人家就会拒绝我，又怎么谈能拒绝人家呢？"

【辩证解读】

◎此处子夏与子张的交友之道不太相同，子夏严，子张宽。据考证，子夏待人宽厚，故孔子要求他对不可交的人就直接拒绝；子张对人比较严厉，孔子就要求他宽容。

● "物以类聚，人以群分"，人们交朋友一看缘分，二看是否气味相投,三看是否互相需要。

19.4 子夏曰:"虽小道,必有可观者焉,致远恐泥①,是以君子不为也。"

【注释】

① 泥:阻滞,妨碍。

【译文】

子夏说:"虽然都是些小的技艺,也一定有可取的地方,但用它来达到远大目标就行不通了,所以君子不去从事小的技艺。"

【辩证解读】

◎ 子夏认为一些小技艺也有一定的用处,但靠雕虫小技是不可能达到远大目标的,所以君子一般不会去学那些小道。

● 俗语说得好,"家有千金,不如薄技在身"。人首先得安身,能够养活自己,才能很好地承担家庭和社会责任。社会只需要数量很少的思想家和道德家。孔子曾经讲过,只要能赚钱,赶车的营生他也愿意去干。

19.5 子夏曰:"日知其所亡,月无忘其所能,可谓好学也已矣。"

【译文】

子夏说:"每天学到一些过去所不知道的东西,每月都能不忘记已经学会的东西,这就可以叫作好学了。"

【辩证解读】

◎ 好学是儒家个人修养的基础,也是君子的基本特征。

● 子夏这里所强调的似乎还是记忆性的学习,现代社会更需要的是探索和研究。人们不仅需要学习人类已有的知识,更重要的是发现和创造新知识。

19.6 子夏曰:"博学而笃志,切问而近思,仁在其中矣。"

【译文】

子夏说:"博览群书,广泛学习,而且志向坚定,对与切身有关的问题提出疑问并且去思考,仁就在其中了。"

【辩证解读】

◎仁德之人除了勤奋学习还要有远大的理想和目标,即立志忠君爱人,而且能够对具体问题进行思考研究。有的学者认为,"博学而笃志"是指"博学而强记"。

◉追求人生成功的人都会勤奋学习,他们也能够对与切身有关的问题提出疑问并且去思考,但不一定就能够成为仁德之人。如果"博学而笃志"就是指"博学而强记"的话,恐怕与"仁"的关系就更远了。

19.7 子夏曰:"百工居肆①以成其事,君子学以致其道。"

【注释】

① 肆:古代制造物品的场所。

【译文】

子夏说:"各行各业的工匠在作坊里完成自己的工作,君子通过学习来掌握大道。"

【辩证解读】

◎工匠完成工作有自己的方式方法,君子修身得道的途径就是学习。

◉君子的学习不应该仅仅是学习书本知识和通过老师学习,更重要的是通过实践学习以及会独立思考和探究。

19.8 子夏说:"小人之过也必文①。"

【注释】

① 文:掩饰。

【译文】

子夏说:"小人犯了过错一定要掩饰。"

【辩证解读】

◎小人一般不会认识到自己的错误,明明知道自己错了也会极力掩饰。

● 与小人相比,君子较少犯错。小人如果愿意承认错误,那么整天都要不停地认错;君子偶尔有错,认错也不是难事。

19.9 子夏曰:"君子有三变:望之俨然,即①之也温,听其言也厉。"

【注释】

① 即:接近。

【译文】

子夏说:"君子有三变:远望他神态庄严,接近他温和可亲,听他说话严厉不苟。"

【辩证解读】

◎子夏在这里讲了君子应该有的外在表现形态是三种:即远望可敬,接触的时候可亲,说话的时候理性。

● 子夏在这里实际上是认为,君子看上去就应该和普通人不一样,要端个架子,装个样子,说个调子。其实只要心底无私,仁慈为本,君子大可以坦然面对任何人,没必要刻意表现。

19.10 子夏曰:"君子信而后劳其民;未信,则以为厉己也,信而后谏;未信,则以为谤己也。"

【译文】

子夏说:"君子必须取得信任之后才去役使百姓;未取得信任

就这样做,百姓会以为是在苛待他们,君子必须取得信任之后才去规劝君主;未取得信任就这样做,(君主)会以为你在诽谤他。"

【辩证解读】

◎不管是对上还是对下,取得对方的信任是关键。

● 取得民众信任的唯一途径是帮助他们获得利益,眼前或长远的利益。民众对官员有一种天然的不信任感。普通人爱听好话,君王更是喜欢对其歌功颂德,除非他真正感觉到自己有失去权力和生命的危险时才愿意听臣子的劝谏。

19.11 子夏曰:"大德不逾闲①,小德出入可也。"

【注释】

① 闲:指一定的范围。

【译文】

子夏说:"大节上不能超越界限,小节上有些出入是可以的。"

【辩证解读】

◎君子须守大节,即原则问题上不能含糊,大方向不能错。君子在日常生活中可以不拘小节,率性自然。

● 小节是大节的基础,常言"细节决定成败""小洞不补,大洞吃苦",小节不注意,大节也会不保。

19.12 子游曰:"子夏之门人小子,当洒扫应对进退,则可矣,抑末也。本之则无,如之何?"子夏闻之,曰:"噫,言游过矣!君子之道,孰先传焉?孰后倦焉?譬诸草木,区以别矣。君子之道,焉可诬也?有始有卒者,其惟圣人乎?"

【译文】

子游说:"子夏的学生,做些打扫和迎送客人的事情是可以的,但这些不过是末节小事。至于根本的东西却没有学到,这怎么行呢?"子夏听了,说:"唉,子游的话错了!君子之道先传授哪一条后传授哪一条,这就像草和木一样,都是分类区别的。君子之道怎么可以随意歪曲,欺骗学生呢?能按次序有始有终地教授学生的,恐怕只有圣人吧!"

【辩证解读】

◎很显然子游瞧不上子夏,对他教育学生的方法颇不以为然。"门人小子"本意是看门打杂的年轻人,这里应该是指学生。子游认为子夏只教学生一些细枝末叶的小事,不教根本,即礼乐文章。子夏听了很不服气,认为自己给学生安排的学习内容的先后次序是对的,即先易后难,先小后大。

● 子游在武城执政的时候就教老百姓礼乐之事,孔子曾以"杀鸡焉用牛刀"提出疑问。子夏教学生学习日常待人接物之礼他肯定瞧不上。实际上儒家的教学内容从整体上讲主要是关于做人做官的事情,重点关注的是文化与社会,而忽视了科学和自然。

19.13 子夏曰:"仕而优①则学,学而优则仕。"

【注释】

① 优:有空闲和精力。

【译文】

子夏说:"做官还有余力的人,就可以去学习,学习有余力的人,就可以去做官。"

【辩证解读】

◎做官和学习是两件紧密关联的事情,想做官就得读书,想做好官就需要不断学习。

● 学习的目的不应该仅仅是做官,学习首先是人的一种本能需求,学习可以使人的生存和生活能力更强。学习本身也应该是愉悦的，我们可以通过学习获得更多的人生乐趣。

19.14 子游曰："丧致乎哀而止。"

【译文】

子游说："丧事做到尽哀也就可以了。"

【辩证解读】

◎子游认为，丧礼没必要过分铺张、太过隆重，逝者的亲朋好友表现出内心的哀痛就行了。

● 子游的观念明显与孔子的理念不一致，孔子认为，丧礼一定要有讲究，不同的人须有不同的规格，要符合礼仪的规定。

19.15 子游曰："吾友张也为难能也，然而未仁。"

【译文】

子游说："我的朋友子张可以说是难得的了，然而还没有做到仁。"

【辩证解读】

◎子游认为子张是一个难得之人才，但还没有达到仁的境界。

● 子游对子张的评价全凭印象和感觉，不提供任何证据和事例就给出结论，这是一个十分概括而笼统的结论。

19.16 曾子曰："堂堂乎张也，难与并为仁矣。"

【译文】

曾子说："子张外表堂堂，难于和他一起做到仁。"

【辩证解读】

◎曾子在这里附和子游对子张的评价，他认为子张是一个堂堂正正的大丈夫，但确实没有达到仁的境界。

● 曾子本来应该补充证据和事例，结果他只是人云亦云，重复子游的观点。

19.17 曾子曰："吾闻诸夫子，人未有自致者也，必也亲丧乎。"

【译文】

曾子说："我听老师说过，人不可能自动地充分发挥感情，（如果有）一定是在父母死亡的时候。"

【辩证解读】

◎人的思想和感情一般都要受外部客观环境的影响，完全出自个体内在的思想和感情很少。父母死亡之后，子女的哀痛之情应该算是出自自我内心。

● 思想和感情首先是人的内在机制发挥作用的结果，外部客观环境有一定的影响，但起决定作用的还是内在的因素。

19.18 曾子曰："吾闻诸夫子，孟庄子之孝也，其他可能也；其不改父之臣与父之政，是难能也。"

【译文】

曾子说："我听老师说过，孟庄子的孝，其他人也可以做到；但他不更换父亲的旧臣及其政治措施，这是别人难以做到的。"

【辩证解读】

◎曾子认为，孟庄子的孝做到了自始至终，彻头彻尾，因为他不仅在父亲生前尽孝，父亲死后他还能不改变父亲的政策，并继续重用父亲的旧臣。

● 父母生前尽孝是应该的，但坚持父辈的做法不变是愚蠢的，也是不现实的。如果所有人都坚守父道不变，那社会只能是倒退，因为任何人学习前人都很难做到百分之百照搬，完全照搬也不会适合当前的具体情况，光照搬不创新只能是越学越少。

19.19 孟氏使阳肤为士师，问于曾子。曾子曰："上失其道，民散久矣。如得其情，则哀矜而勿喜。"

【译文】

孟氏任命阳肤做典狱官，阳肤向曾子请教。曾子说："在上位的人离开了正道，百姓早就离心离德了。你如果能弄清他们的情况，就应当怜悯他们，而不要自鸣得意。"

【辩证解读】

◎这是阳肤在就任专管司法的官员前曾子对他的教导，曾子要他处理案件时怀有悲悯之心，不要因为案件告破而沾沾自喜，因为老百姓之所以犯罪是因为统治者不走正道，导致百姓离心，社会失范。

● 阳肤既然是专管司法的官员就应该按律执法，秉公断案。"上失其道"不是他能够管得了的事情。

19.20 子贡曰："纣之不善，不如是之甚也。是以君子恶居下流，天下之恶皆归焉。"

【译文】

子贡说："纣王的不善，不像传说的那样厉害。所以君子不肯居于下流的地方，以致天下一切坏名声都归到他的身上。"

【辩证解读】

◎这是子贡对历史的一个判断，他认为真实的商纣王不一定像后世传说的那样邪恶。所以做人最好不要做到最坏，不然所有的坏事就都算到你的头上了。

◉ 身处高位且名气比较大的人有比较高的关注度，人们才会把一些或好或不好的事情牵强附会于他们的头上。普通人很少会有传说。

19.21 子贡曰："君子之过也，如日月之食焉。过也，人皆见之；更也，人皆仰之。"

【译文】

子贡说："君子的过错好比日食月食。他犯过错时，人们都能看得见；他改正过错时，人们都仰望着他。"

【辩证解读】

◎子贡应该是说君子也会有过，就像有日食月食一样。有了过别人就会看到，因此自己没必要掩饰。只要把错误改正了，人们仍然会尊敬他们。就好像日食和月食，其并不影响日月的光辉，过去之后，人们仍然会抬头仰望。

◉ 君子与日月不可相比，君子不应该高高在上。君子成为执政者犯错的概率常常不像日月之食那么偶尔和短暂。因此，君子应该脚踏实地与百姓同在，而且重要的是不能经常或持久地犯错，尤其是身处高位者。

19.22 卫公孙朝问于子贡曰："仲尼焉学？"子贡曰："文武之道，未坠于地，在人。贤者识其大者，不贤者识其小者，莫不有文武之道焉。夫子焉不学？而亦何常师之有？"

【译文】

卫国的公孙朝问子贡说："仲尼的学问是从哪里学来的？"子贡说："周文王周武王的道，并没有失传，还留在人们中间。贤能的人可以了解它的根本，不贤的人只了解它的末节，没有什么地方无文王武王之道。我们老师何处不学？又何必要有固定的老师传播呢？"

【辩证解读】

◎子贡认为中国的文脉还在，中国文化并没有随着周王朝的衰落而消亡，因为人还在，懂文化的贤能之人还在。文武之道无处不在，孔夫子这样的贤者不必经过老师传授也能学到手。

● 孔夫子是圣人，两千多年才出了一个。一般人还得跟老师学习，即使自学成才也得跟书本学习。文化就是这样一代一代才得以传承下来。

19.23 叔孙武叔语大夫于朝曰："子贡贤于仲尼。"子服景伯以告子贡。子贡曰："譬之宫墙，赐之墙也及肩，窥见室家之好。夫子之墙数仞，不得其门而入，不见宗庙之美，百官之富。得其门者或寡矣。夫子之云，不亦宜乎！"

【译文】

叔孙武叔在朝廷上对大夫们说："子贡比仲尼更贤。"子服景伯把这一番话告诉了子贡。子贡说："拿围墙来做比喻，我家的围墙只有齐肩高，人们可以直接望见墙内房屋的美好。老师家的围墙却有几仞高，如果找不到门进去，你就看不见里面宗庙的富丽堂皇和房屋的绚丽多彩。而能够找到门进去的人并不多。叔孙武叔那么讲，不也是很自然吗？"

【辩证解读】

◎叔孙武叔认为"子贡贤于仲尼"。子贡拿围墙做比喻说明了他和老师之间的差距，并指出叔孙武叔之所以有这种认识是因为他的眼界和认识能力有问题。

● 孔子是儒学的开创者，子贡作为其弟子肯定认为老师非常伟大。但在当时那个时代，子贡的国际声望甚至超过了孔子，他的行政能力也很强。

19.24 叔孙武叔毁仲尼。子贡曰:"无以为也!仲尼不可毁也。他人之贤者,丘陵也,犹可逾也;仲尼,日月也,无得而逾焉。人虽欲自绝,其何伤于日月乎?多①见其不知量也。"

【注释】

① 多:只是。

【译文】

叔孙武叔毁谤仲尼。子贡说:"(这样做)是没有用的!仲尼是毁谤不了的。别人的贤德好比丘陵,还可超越过去;仲尼的贤德好比太阳和月亮,是无法超越的。虽然有人要自绝于日月,对日月又有什么损害呢?只是表明他自不量力而已。"

【辩证解读】

◎叔孙武叔诽谤仲尼,子贡劝他不要这样做。任何人对孔子的诽谤都无损于孔子的伟大。你可以拒绝孔子的学说和理论,但那就好比你自绝于日月的光辉,无损于日月的伟大。

◉孔子是一个伟大的人,但他一生中也犯过错误。他的理论和学说非常伟大,但也有值得商榷和讨论的地方。

19.25 陈子禽谓子贡曰:"子为恭也,仲尼岂贤于子乎?"子贡曰:"君子一言以为知,一言以为不知,言不可不慎也。夫子之不可及也,犹天之不可阶而升也。夫子之得邦家者,所谓立之斯立,道之斯行,绥之斯来,动之斯和。其生也荣,其死也哀,如之何其可及也?"

【译文】

陈子禽对子贡说:"你是谦恭了,仲尼怎么能比你更贤良呢?"子贡说:"君子的一句话就可以表现他的智慧,一句话也可以表现他的不智,所以说话不可以不慎重。夫子的高不可企及,正像天是不能够顺着梯子爬上去一样。夫子如果得国而为诸侯，或得到采邑而为卿大夫，那就会像人们说的那样，教百姓立于礼，百姓就会立于礼；引导百姓，百姓就会跟着走；安抚百姓，百姓就会归顺；动员百姓，百姓就会齐心协力。（夫子）活着时誉满天下，（夫子）去世后备极哀荣，我怎么能赶得上他呢？"

【辩证解读】

◎陈子禽也是孔子的学生，他也认为子贡超越了他们的老师。子贡对他的看法提出了批评，认为他讲这样的话就说明他才识不高，智慧不够，是乱讲话。老师的道德学问比天高，我们永远赶不上。假如老师有机会执政的话，一定会做得非常好。

● 子贡是一个仁德之人，从《论语》中我们就可以看出当时许多人对他称颂有加。他作为学生，对他的老师极其敬仰，也容不得别人对老师有任何非议，哪怕是通过赞美他来说明孔子的缺陷和不足。

尧曰篇第二十

20.1 尧曰："咨！尔舜！天之历数在尔躬，允执其中。四海困穷，天禄永终。"舜亦以命禹。曰："予小子履①，敢用玄牡②，敢昭告于皇皇后帝：有罪不敢赦。帝臣不蔽，简③在帝心。朕躬有罪，无以万方；万方有罪，罪在朕躬。"周有大赉④，善人是富。"虽有周亲，不如仁人。百姓有过，在予一人。"⑤谨权量，审法度，修废官，四方之政行焉。兴灭国，继绝世，举逸民，天下之民归心焉。所重：民、食、丧、祭。宽则得众，信则民任焉，敏则有功，公则说。

【注释】

① 履：汤的别称。

② 玄牡：玄，黑色；牡，母牛。

③ 简：选择，明察。

④ 赉：jī，赐予。

⑤ "虽有周亲，不如仁人。百姓有过，在予一人"：此四句是周武王封诸侯之辞。

【译文】

尧说："唉！舜啊！上天安排的重大使命已经落在你的身上了，你要好好地把持住正道。假如天下百姓都陷于困苦和贫穷，上天赐给你的禄位也就会永远终止。"舜也这样告诫过禹。（商汤）说："我小子履谨用黑色的公牛来祭祀，向伟大的天帝祷告：有罪的人我不敢擅自赦免。天帝的臣仆我也不敢掩蔽，都由天帝明鉴。我本人若有罪，不要牵连天下万方；天下万方若有罪，都归我一个人承担。"周朝大封诸侯，使善人都富贵起来。（周武王）说："我虽然有至亲，不如有仁德之人。百姓有过错，都在我一人身上。"认真检查度量衡，周密地制定法度，恢复废弃的官职，全国的政令就会通行了。恢复被灭亡了的国家，接续已经断绝了的家族，提拔被遗落的人才，天下百姓就会真心归服了。所重视的四件事：人民、粮食、丧礼、祭祀。宽厚就能得到众人的拥护，诚信就能得到别人的任用，勤敏就能取得成绩，公平就会使百姓高兴。

【辩证解读】

◎这一大段文字记述了从尧帝以来历代先圣先王的遗训。尧要把帝位传于舜，他声称是根据上天的旨意将这副重担交于舜，并要求舜坚守正道。舜把大位禅让给禹的时候，也谆谆告诫禹用黑色的公牛来祭祀，恭恭敬敬地向上天禀告。舜非常具体地告诉禹该说什么样的话。

● 孔子虽然信天命，但他秉持的是"敬鬼神而远之"的原则。我们有理由认为他对天命是不敢不信，但有似信非信的嫌疑。帝王在荣登大位时几乎无一例外声称自己的权力乃上天赐予，实际上是为了给皇权涂上一层神圣的色彩，以便老百姓能够顿生敬畏之心，老老实实地接受君王的统治。

20.2 子张问孔子曰："何如斯可以从政矣？"子曰："尊五美，屏四恶，斯可以从政矣。"子张曰："何谓五美？"子曰："君子惠而不费，劳而不怨，欲而不贪，泰而不骄，威而不猛。"子张曰："何谓惠而不费？"子曰："因民之所利而利之，斯不亦惠而不费乎？择可劳而劳之，又谁怨？欲仁而得仁，又焉贪？君子无众寡，无大小，无敢慢，斯不亦泰而不骄乎？君子正其衣冠，尊其瞻视，俨然人望而畏之,斯不亦威而不猛乎?"子张曰:"何谓四恶?"子曰:"不教而杀谓之虐;不戒视成谓之暴;慢令致期谓之贼;犹之与人也,出纳①之吝谓之有司②。"

【注释】

① 出纳:此处只有"出"的意思。
② 有司:古代管事者,职务卑微。

【译文】

子张问孔子说:"怎样才可以治理政事呢?"孔子说:"尊重五种美德,排除四种恶政,这样就可以治理政事了。"子张问:"五种美德是什么?"孔子说:"君子要给百姓以恩惠而自己却无所耗费,使百姓劳作而不使他们怨恨,要追求仁德而不贪图财利,庄重而不傲慢,威严而不凶猛。"子张说:"怎样叫要给百姓以恩惠而自己却无所耗费呢?"孔子说:"让百姓们去做对他们有利的事,这不就是对百姓有利而不掏自己的腰包吗?选择可以让百姓劳作的时间和事情让百姓去做,这又有谁会怨恨呢?自己要追求仁德便得到了仁,又还有什么可贪的呢?君子对人,无论多少,势力大小,都不怠慢他们,这不就是庄重而不傲慢吗?君子衣冠整齐,目不斜视,使人见了就生敬畏之心,这不也是威严而不凶猛吗?"子张问:"什么叫四种恶政呢?"孔子说:"不经教化便加以杀戮叫作虐;不加告诫便要求成功叫作暴;不加监督而突然限期叫作贼;同样是给人财物,却出手吝啬,叫作小气。"

【辩证解读】

◎子张向孔子请教为官从政的要领。这里,孔子讲了"五美四恶",这是他政治主张的基本点,突出了以民为本的思想,比如:"因民之所利而利之""择可劳而劳之",反对"不教而杀""不戒视成"的暴虐之政。

从这里可以看出，孔子重视教化，倡导德治和礼治，他所向往的是一个和谐的社会。

◉ "惠而不费"的意思是给了别人好处自己还不受损失，这样的事情不只君子愿意做，小人也会乐意做。"劳而不怨"是比较难办的，老百姓付出了劳动就会要求回报，没有利益回报就难免没有怨言。当然，有的学者认为此处应该指孔子要求官员自己劳而不怨。"欲而不贪"如果没有外在的法律和制度的约束也靠不住。

20.3 孔子曰："不知命，无以为君子也；不知礼，无以立也；不知言，无以知人也。"

【译文】

孔子说："不懂得天命，就不能做君子；不知道礼仪，就不能立身处世；不善于分辨别人的话语，就不能真正地了解他。"

【辩证解读】

◎孔子最后再一次向君子提出三点要求，即"知命""知礼""知言"，这是君子立身处世需要特别注意的问题。"知命"就是要知道自己的人生方向和历史使命，并且敬畏天命；"知礼"就是走正道，守规矩，忠君尊长；"知言"就是知道并谨遵圣人之言，而且自己也善于与人交流。《论语》一书最后一章谈君子人格的内容，表明此书之侧重点，就在于塑造具有理想人格的君子，培养治国安邦平天下的志士仁人。

◉ "命"具有先天的属性，现代生物学的成果证明了人的智力、性格、身体、寿命等在很大程度上是由遗传基因，即DNA决定的，但与此同时，后天的因素，如家庭和社会环境等也会对人的生长发展产生作用。而且，"知命"是一件很难的事情，往往是在所有的事情已经发生后才明白自己的命运。"知礼"似乎不难，但孔子所倡导的应该是周礼，周礼的大部分在孔子的时代就已经被大多数人所抛弃，后来人是不可能按照周礼为人处世的。关于"知言"也有不同的理解，有的人认为是知圣人之言，有的人认为是自己知道该怎么说话为得体，还有的人觉得是指能分辨别人的话语。